Marjorie Solakian

Französisch üben
Hören & Sprechen A1

Buch mit Audios online

Hueber Verlag

Der kostenlose MP3-Download zum Buch ist unter
www.hueber.de/audioservice erhältlich.

3. 2. 1. | Die letzten Ziffern
2023 22 21 20 19 | bezeichnen Zahl und Jahr des Druckes.
Alle Drucke dieser Auflage können, da unverändert, nebeneinander benutzt werden.
1. Auflage

Umschlaggestaltung: Sieveking · Agentur für Kommunikation, München
Layout und Satz: Sieveking · Agentur für Kommunikation, München
Verlagsredaktion: Helga Aichele, Hueber Verlag, München
Druck und Bindung: Friedrich Pustet GmbH & Co. KG, Regensburg
Printed in Germany
ISBN 978-3-19-027909-8

Art. 530_26508_001_01

Inhaltsverzeichnis

	Track	Seite
Vorwort		6
A Prise de contact		
A1 Salut Romane – Sich begrüßen und verabschieden	▶ 1–2	7
A2 Enchantée ! – Sich und andere vorstellen	▶ 3–4	9
A3 Comment ça va ? – Über das Befinden sprechen	▶ 5–7	11
B Mes informations personnelles		
B1 Mes coordonnées – Telefonnummer und E-Mail angeben, buchstabieren	▶ 8–13	14
B2 À chacun son métier – Über Berufe und Sprachkenntnisse sprechen	▶ 14–18	18
B3 D'ici et d'ailleurs – Beschreiben, wo man herkommt und wo man wohnt	▶ 19–21	22
C En ville		
C1 J'aime mon quartier ! – Über ein Wohnviertel sprechen	▶ 22–23	25
C2 Pour aller à la boulangerie, s'il vous plait ? – Nach dem Weg fragen und einen Weg beschreiben	▶ 24–27	27
C3 Chez moi – Eine Wohnung beschreiben	▶ 28–31	31
C4 On y va ! – Über den Weg zur Arbeit und über Verkehrsmittel sprechen	▶ 32–34	35

Track Seite

D Parler de ses loisirs et de sa famille

D1 Je fais de la randonnée ▶ 35–37 37
Über Freizeitaktivitäten und Sportarten sprechen

D2 J'adore ! Je déteste ! ▶ 38–39 39
Über Vorlieben und Abneigungen sprechen

D3 Ma famille ▶ 40–42 41
Über Familienmitglieder sprechen

D4 Un air de famille ▶ 43–47 43
Aussehen und Eigenschaften einer Person beschreiben

E Parler de ses habitudes

E1 Je vais souvent au restaurant ▶ 48–49 47
Über Gewohnheiten und den Tagesablauf sprechen

E2 À quelle heure ? ▶ 50–52 49
Die Uhrzeit angeben und den Tagesablauf beschreiben

E3 Une fois par semaine, le lundi ▶ 53–55 53
Sich verabreden und die Wochentage angeben

E4 La semaine dernière ▶ 56–58 56
Erzählen, was man letzte Woche gemacht hat

F Faire les magasins

F1 Rouge et blanc à pois ▶ 59–60 59
Über Kleidungsstücke, Farben und Stoffmuster sprechen

F2 C'est du cuir ▶ 61–62 61
Kleider beschreiben und tauschen, Materialien angeben

F3 Question de style ▶ 63–65 64
Kleidung einkaufen und die Größe angeben

Track Seite

G Faire ses courses

G1 Qu'est-ce qu'on mange ce soir ? ▶ 66–67 68
Über Lebensmittel sprechen

G2 Excusez-moi, je cherche le sel ▶ 68–69 71
Im Supermarkt einkaufen und nach Lebensmitteln fragen

G3 Ce sera tout, merci ▶ 70–72 73
Nach dem Preis fragen und Mengen angeben

H Au restaurant

H1 Une eau minérale, s'il vous plait ▶ 73–76 77
In einem Restaurant bestellen und bezahlen

H2 C'est quoi la soupe au pistou ? ▶ 77–78 81
Über typische Gerichte sprechen

H3 C'est pas possible ! ▶ 79–80 83
Probleme im Restaurant ansprechen

I Partir en vacances

I1 Il y a du soleil à Nice ▶ 81–83 85
Über das Wetter und Jahreszeiten sprechen

I2 En Espagne ou au Danemark ? ▶ 84–86 87
Ein Reiseziel suchen und ein Hotelzimmer reservieren

I3 Je te raconte mes vacances ? ▶ 87–89 89
Von einer Reise erzählen

J Au travail

J1 Attendez, je regarde mon agenda ▶ 90–91 91
Telefonisch einen Termin bestätigen, verschieben und absagen

J2 Après le bip ▶ 92–93 93
Ein berufliches Telefonat führen und eine Nachricht hinterlassen

Vorwort

Liebe Lernerinnen, liebe Lerner,

Französisch üben Hören & Sprechen A1 ist ein Übungsbuch für Anfänger mit geringen Vorkenntnissen zum selbstständigen Üben und Wiederholen. Es eignet sich auch für den unterrichtsbegleitenden Einsatz, zur Überbrückung von Kurspausen oder zur Vorbereitung auf Prüfungen der Niveaustufe A1 des *Gemeinsamen Europäischen Referenzrahmens*.

Französisch üben Hören & Sprechen A1 orientiert sich an den gängigen A1-Lehrwerken für den Kursunterricht und trainiert die Fertigkeiten Hören und Sprechen auf diesem Niveau. Die abwechslungsreichen Hörverständnis- und Sprechübungen behandeln alle für die Bewältigung der Alltagskommunikation wichtigen Themen und den entsprechenden Wortschatz. Das Übungsbuch folgt den Regeln der neuen französischen Rechtschreibung.

Französisch üben Hören & Sprechen A1 bietet die Lösungen zu sämtlichen Übungen direkt auf der Folgeseite. Dort sind zur Erfolgs- und Verständnissicherung auch die Hörtexte zu den Übungen abgedruckt.

Französisch üben Hören & Sprechen A1 besteht aus dem vorliegenden Übungsbuch und Sprachaufnahmen im MP3-Format, die Sie unter **www.hueber.de/audioservice** herunterladen können. Die vertonten Texte sind im Buch jeweils mit dem Symbol ▶ 15 gekennzeichnet. Die Zahl gibt den jeweiligen Track an.

Bitte hören Sie die Texte und Dialoge mehrmals und benutzen Sie zum Sprechen bei Bedarf auch die Pause-Funktion Ihres Abspielgeräts. So können Sie die Länge der Pausen nach Ihren Bedürfnissen individuell steuern.

Und nun wünschen wir Ihnen viel Spaß und viel Erfolg!

Autorin und Verlag

A Prise de contact

A1 Salut Romane

▶ 1 **1a Hören Sie die beiden Dialoge und nummerieren Sie die folgenden Ausdrücke in der Reihenfolge, in der sie in den Dialogen vorkommen. Welche Ausdrücke hören Sie nicht?**

☐ Bonsoir.	[1] Bonjour.
☐ Salut.	☐ À demain.
☐ Au revoir.	☐ Ciao.
☐ À bientôt.	☐ À la prochaine.

Nicht zu hören sind: ____________________

▶ 2 **1b Hören Sie die Kurzdialoge und sprechen Sie sie nach. Kreuzen Sie dann an, ob die Begrüßungen und Verabschiedungen eher formell oder eher informell sind.**

	formell	informell
1. Bonjour Marie. – Bonjour madame Perrot.	☒	☐
2. Salut Antoine. – Salut Claire.	☐	☐
3. Au revoir Geneviève. – À demain Laura.	☐	☐
4. À demain. – À la prochaine Victoire.	☐	☐
5. Au revoir monsieur Langlet. – À bientôt Louis.	☐	☐
6. Salut Jules. – À plus Kate.	☐	☐
7. Bonjour madame, et bienvenue. – Bonjour.	☐	☐

A1 Salut Romane

▶ 1 **1a Text**

Dialog 1

Madame Leroux :	Bonjour Monsieur Pépinot.
Monsieur Pépinot :	Bonjour Madame Leroux. Vous avez le temps ? Je voudrais vous parler.
Madame Leroux :	Je ne peux pas, je suis pressée. Ce soir, peut-être. Au revoir !
Monsieur Pépinot :	À bientôt.

Dialog 2

Hélène :	Salut Romane. Ça fait longtemps.
Romane :	Bonsoir Hélène. C'est vrai. Malheureusement, j'ai un rendez-vous maintenant. On se voit demain ?
Hélène :	À demain, alors.
Romane :	À demain.

Lösung

[5] Bonsoir.
[4] Salut.
[2] Au revoir.
[3] À bientôt.
[1] Bonjour.
[6] À demain.

Nicht zu hören sind: Ciao., À la prochaine.

▶ 2 **1b Lösung**

	formell	informell
1. Bonjour Marie. – Bonjour madame Perrot.	☒	☐
2. Salut Antoine. – Salut Claire.	☐	☒
3. Au revoir Geneviève. – À demain Laura.	☒	☐
4. À demain. – À la prochaine Victoire.	☐	☒
5. Au revoir monsieur Langlet. – À bientôt Louis.	☒	☐
6. Salut Jules. – À plus Kate.	☐	☒
7. Bonjour madame, et bienvenue. – Bonjour.	☒	☐

A2 Enchantée !

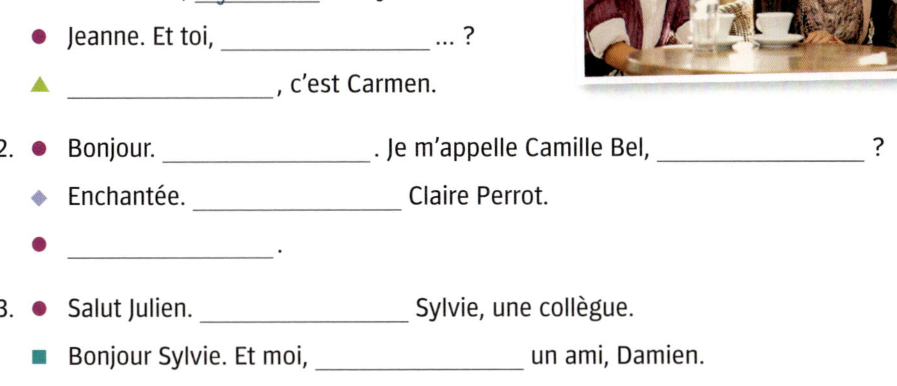

▶ 3 **2a Hören Sie die Dialoge ohne mitzulesen und ergänzen Sie beim zweiten Hören die Lücken. Dann sprechen Sie die Dialoge nach.**

1. ◆ Salut ! Moi, _je suis_ Romy. Et toi ?
   ● Jeanne. Et toi, ______________ ... ?
   ▲ ______________ , c'est Carmen.

2. ● Bonjour. ______________ . Je m'appelle Camille Bel, ______________ ?
   ◆ Enchantée. ______________ Claire Perrot.
   ● ______________ .

3. ● Salut Julien. ______________ Sylvie, une collègue.
   ■ Bonjour Sylvie. Et moi, ______________ un ami, Damien.
   ● Bonjour Damien.

Was sagt man, wenn man jemand anderen vorstellt?

______________ ______________

▶ 4 **2b Sie sind dran! Übernehmen Sie eine Rolle in vier kurzen Dialogen. Antworten Sie wie im Beispiel und mithilfe der Angaben. Was Sie sagen sollen, ist mit ▲ gekennzeichnet. Hören Sie zuerst das Beispiel.**

Beispiel: Benjamin – ami Bastien

● Bonjour. Comment tu t'appelles ?
▲ *Bonjour. Je m'appelle Benjamin. Je te présente un ami, Bastien.*
● Salut.

1. Paul – femme Geneviève
2. Sophie – voisine Christine
3. Tristan Langleben – collègue Mathieu Fabre
4. Nathalie Blanc – mari Gérard

A

A2 Enchantée !

▶ 3 2a Text und Lösung

1. ◆ Salut ! Moi, je suis Romy. Et toi ?
   ● Jeanne. Et toi, c'est... ?
   ▲ Moi, c'est Carmen.

2. ● Bonjour. Je me présente. Je m'appelle Camille Bel, et vous ?
   ◆ Enchantée. Je suis Claire Perrot.
   ● Enchantée.

3. ● Salut Julien. Voici Sylvie, une collègue.
   ■ Bonjour Sylvie. Et moi, je vous présente un ami, Damien.
   ● Bonjour Damien.

Was sagt man, wenn man jemand anderen vorstellt?

Voici…, Je vous présente…

▶ 4 2b Text und Lösung

1. ■ Bonjour. Comment vous vous appelez ?
   ▲ Bonjour. Je m'appelle Paul. Je vous présente ma femme, Geneviève.
   ■ Enchanté.

2. ◆ Salut. Comment tu t'appelles ?
   ▲ Salut. Je m'appelle Sophie. Je te présente ma voisine, Christine.
   ◆ Salut.

3. ● Bonjour. Comment vous vous appelez ?
   ▲ Bonjour. Je m'appelle Tristan Langleben. Je vous présente mon collègue, Mathieu Fabre.
   ● Enchantée.

4. ■ Bonsoir. Comment vous vous appelez ?
   ▲ Bonsoir. Je m'appelle Nathalie Blanc. Je vous présente mon mari, Gérard.
   ■ Bonsoir Gérard.

A3 Comment ça va ?

▶ 5 **3a Hören Sie und kreuzen Sie an, welche der angegebenen Wendungen Sie jeweils in den Dialogen hören.**

1.	☐ Je vais très bien.	☒ Ça va pas bien.
2.	☐ Ça va mal.	☐ Ça va pas mal.
3.	☐ Comme ci, comme ça.	☐ Ça va, ça va.
4.	☐ Je vais bien.	☐ Bof.

▶ 6 **3b Hören Sie die vier Dialoge. Welcher ist formell (vous) und welcher ist informell (tu)? Kreuzen Sie an.**

	formell	informell
Dialog 1	☐	☐
Dialog 2	☐	☐
Dialog 3	☐	☐
Dialog 4	☐	☐

▶ 7 **3c Sie sind dran! Hören Sie und beantworten Sie die Frage mithilfe der Angabe auf Deutsch. Was Sie sagen sollen, ist mit ▲ gekennzeichnet. Hören Sie zuerst das Beispiel.**

Beispiel: Mir geht's gut.

■ Bonjour. Ça va ?

▲ *Ça va bien, merci. Et vous ?*

■ Ça va.

1. Es geht mir sehr gut.
2. So lala.
3. Mir geht es nicht gut.

A3 Comment ça va ?

▶ 5 **3a Text**

1. ■ Salut Pierre. Ça va ?
   ◆ Ça va pas bien, Thierry.
   ■ Ah bon ? Viens, on va boire un verre.

2. ● Bonsoir Gilles. Ça va ?
   ■ Ça va pas mal, et vous ?
   ● Moi, ça va, merci.

3. ■ Bonjour Nathalie. Tu vas bien ?
   ◆ Bof. Et toi, ça va ?
   ■ Pareil, comme ci, comme ça.

4. ◆ Salut Alessia. Comment tu vas ?
   ● Je vais bien, merci.

Lösung

1. Ça va pas bien.
2. Ça va pas mal.
3. Comme ci, comme ça.
4. Je vais bien.

▶ 6 **3b Text**

Dialog 1

■ Salut Isabelle, ça va bien ?
● Ça va, merci.

Dialog 2

● Bonsoir monsieur Simon, comment allez-vous ?
■ Bien, madame Perel, et vous ?
● Ça va bien, merci.
■ Bonne soirée, à demain.

Dialog 3

- ■ Bonjour Esther, tu vas bien ?
- ● Oui, très bien. Et toi ?
- ■ Moi, je vais bien, merci. Bonne journée !

Dialog 4

- ■ Bonjour, Didier. Vous allez bien ?
- ◆ Oui. Et vous, comment ça va ?
- ■ Comme ci, comme ça.

Lösung

	formell	informell
Dialog 1	☐	☒
Dialog 2	☒	☐
Dialog 3	☐	☒
Dialog 4	☒	☐

▶ 7 **3c Text und Lösung**

1. ■ Bonjour. Ça va ?
   ▲ *Ça va très bien, merci. Et vous ?*
   ■ Ça va. Bonne journée.

2. ● Bonsoir. Tu vas bien ?
   ▲ *Comme ci, comme ça. Et toi ?*
   ● Ça va, merci.

3. ■ Salut. Ça va ?
   ▲ *Ça ne va pas bien. Et toi, ça va ?*
   ■ Oui, ça va.

B Mes informations personnelles

B1 Mes coordonnées

▶ 8 **1a Um Ihre persönlichen Daten anzugeben, benötigen Sie die Zahlen. Welche Zahlen hören Sie? Kreuzen Sie an.**

a.	☐ 16	☒ 6	d.	☐ 20	☐ 1	g.	☐ 46	☐ 48
b.	☐ 54	☐ 64	e.	☐ 12	☐ 2	h.	☐ 27	☐ 17
c.	☐ 3	☐ 13	f.	☐ 70	☐ 90	i.	☐ 60	☐ 19

▶ 9 **1b Chiara meldet sich in Nantes zu einem Aquarellkurs an. Hören Sie den Dialog. Dann hören Sie ihn noch einmal und ergänzen Sie die Antworten. Anschließend verbinden Sie sie mit den Fragen.**

questions	**réponses**
Quel est votre prénom ?	c.chastel@__________
Quel est votre numéro de téléphone ?	Chiara
Votre adresse, s'il vous plait ?	Chastel
Quel est votre nom de famille ?	02 __________ 53
Vous avez une adresse mail ?	_____, rue Sully __________

▶ 10 **1c Formulieren Sie die richtigen Fragen, um von Thomas folgende Antworten zu bekommen. Hören Sie anschließend den Dialog und überprüfen Sie Ihre Lösung.**

____________________	Durant.
____________________	Thomas.
____________________	10, rue de la Boétie.
____________________	t.durant@web.fr.
____________________	C'est le 01 46 06 32 69.

▶ 11 **1d Sie sind dran! Übernehmen Sie eine Rolle in fünf Dialogen und geben Sie die Telefonnummern an wie im Beispiel. Was Sie sagen sollen, ist mit ▲ gekennzeichnet. Hören Sie zuerst das Beispiel.**

Beispiel:

■ Quel est votre numéro de téléphone ?

▲ *C'est le 01 24 12 42 55.*

■ C'est noté. Merci.

1. 06 51 23 07 23
2. 05 62 72 13 03
3. 04 83 16 91 06
4. 03 15 76 32 90
5. 06 14 67 77 41

▶ 12 **1e Kennen Sie das Alphabet auf Französisch? Hören Sie und schreiben Sie die Informationen auf, die buchstabiert werden.**

Le prénom de la personne :

____

Le nom de famille de la personne :

____

Le nom de la rue où il habite :

____

▶ 13 **1f Sie sind dran! Buchstabieren Sie die folgenden Wörter und E-Mail-Adressen. Hören Sie anschließend die Lösung.**

1. intéressant
2. collègue
3. garçon
4. Grande-Bretagne
5. c.chastel@mail.com
6. t.durant@web.fr

B1 Mes coordonnées

▶ 8 **1a Lösung**

a. ☒ 6	d. ☒ 20	g. ☒ 46
b. ☒ 54	e. ☒ 2	h. ☒ 27
c. ☒ 13	f. ☒ 70	i. ☒ 19

▶ 9 **1b Text**

Chiara : Bonjour. Je voudrais faire de l'aquarelle.
Secrétaire : Oui, bien sûr. Quel est votre nom de famille ?
Chiara : Chastel.
Secrétaire : Quel est votre prénom ?
Chiara : Chiara.
Secrétaire : Très bien. Votre adresse, s'il vous plait ?
Chiara : 45, rue Sully à Nantes.
Secrétaire : Vous avez une adresse mail ?
Chiara : Oui. c.chastel@mail.com.
Secrétaire : Quel est votre numéro de téléphone ?
Chiara : C'est le 02 40 29 07 53.
Secrétaire : Bienvenue au cours d'aquarelle.

Lösung

Quel est votre prénom ?	Chiara
Quel est votre numéro de téléphone ?	02 40 29 07 53
Votre adresse, s'il vous plait ?	45, rue Sully à Nantes
Quel est votre nom de famille ?	Chastel
Vous avez une adresse mail ?	c.chastel@mail.com

▶ 10 **1c Text und Lösung**

Bonjour. Quel est votre nom de famille ?	*Thomas :* Durant.
Quel est votre prénom ?	*Thomas :* Thomas.
Votre adresse, s'il vous plait ?	*Thomas :* 10, rue de la Boétie.
Quelle est votre adresse mail ?	*Thomas :* t.durant@web.fr.
Quel est votre numéro de téléphone ?	*Thomas :* C'est le 01 46 06 32 69.

▶ 11 **1d Text und Lösung**

1. ■ Salut, Chiara. Quel est le numéro de téléphone de Nicolas ?
   ▲ C'est le zéro six cinquante-et-un vingt-trois zéro sept vingt-trois.
   ■ J'appelle maintenant. Merci.

2. ● Excusez-moi, vous avez le numéro du secrétariat ?
   ▲ C'est le zéro cinq soixante-deux soixante-douze treize zéro trois.
   ● C'est gentil, merci.

3. ◆ Patrick, j'ai besoin du numéro du restaurant pour ce soir. Tu l'as ?
   ▲ C'est le zéro quatre quatre-vingt-trois seize quatre-vingt-onze zéro six.
   ◆ J'appelle.

4. ● Je dois téléphoner au coiffeur, mais je n'ai pas le numéro.
   ▲ C'est le zéro trois quinze soixante-seize trente-deux quatre-vingt-dix.
   ● Je prends rendez-vous tout de suite.

5. ■ Tu as le numéro de la pharmacie ?
   ▲ C'est le zéro six quatorze soixante-sept soixante-dix-sept quarante-et-un.
   ■ Je te remercie.

▶ 12 **1e Text und Lösung**

■ Bonjour, je m'appelle Nicolas : N-I-C-O-L-A-S. Mon nom de famille est Laforêt : L-A-F-O-R-Ê-T. J'habite au 26, rue Labelle : L-A-B-E-L-L-E.

Le prénom de la personne : Nicolas

Le nom de famille de la personne : Laforêt

Le nom de la rue où il habite : Labelle

▶ 13 **1f Text und Lösung**

1. intéressant : I-N-T-É-R-E-S-S-A-N-T
2. collègue : C-O-L-L-È-G-U-E
3. garçon : G-A-R-Ç-O-N
4. Grande-Bretagne : G-R-A-N-D-E tiret B-R-E-T-A-G-N-E
5. c.chastel@mail.com : C point C-H-A-S-T-E-L arobase M-A-I-L point C-O-M
6. t.durant@web.fr : T point D-U-R-A-N-T arobase W-E-B point F-R

B2 À chacun son métier

▶ 14 **2a Anne trifft mehrere Leute auf einer Karrieremesse. Sie stellen sich vor. Hören Sie und notieren Sie die Berufe.**

musicien • comptable • pharmacienne • serveur • pâtissier • enseignante

1. Camille est ________________.
2. Paul est ________________.
3. Lucia est ________________.
4. Audrey est ________________.
5. David est ________________.
6. Johann est ________________.

▶ 15 **2b Sie sind dran! Stellen Sie die Personen mithilfe der angegebenen Berufe vor. Hören Sie zuerst das Beispiel. Sprechen Sie dann jeweils nach der Ziffer, hören Sie die Lösung und sprechen Sie sie nach.**

Beispiel: Karen – Friseurin

▲ *C'est Karen. Elle est coiffeuse.*

1. Gabrielle – Architektin
2. Maxime – Zahnarzt
3. Sarah – Krankenschwester
4. Michel – Rechtsanwalt

▶ 16 **2c Wenn man über seine Arbeit spricht, ist es gut, Sprachkenntnisse zu erwähnen. Hören Sie und kreuzen Sie die Sprachen an, die genannt werden.**

	français	anglais	espagnol	allemand	italien	mandarin	russe
1.	X		X				
2.							
3.							
4.							
5.							

▶ 17 **2d Auf der Messe stellen sich auch Catherine und Diego vor. Hören Sie und kreuzen Sie an, ob die Aussagen richtig (vrai) oder falsch (faux) sind.**

	vrai	faux
1. Catherine est avocate.	☐	☐
2. Elle habite à Toronto.	☐	☐
3. Elle parle seulement anglais.	☐	☐
4. Diego vient de Tolède.	☐	☐
5. Il est serveur au restaurant Entre ciel et Rhône.	☐	☐
6. Il parle allemand, français et espagnol.	☐	☐

▶ 18 **2e Sie sind dran! Stellen Sie sich vor wie im Beispiel. Die Lösung folgt jeweils im Anschluss. Hören Sie zuerst das Beispiel.**

Beispiel: Anne – Studentin – Französisch und Englisch

▲ *Bonjour. Je suis Anne. Je suis étudiante.*
Je parle français et anglais.

1. Benoît – Friseur – Spanisch und Französisch
2. Anke – Apothekerin – Deutsch – Italienisch – Französisch
3. Peter – Arzt – Englisch – Russisch
4. Elisabeth – Tänzerin – Französisch – Hochchinesisch

B2 À chacun son métier

▶ 14 2a Text

1. Bonjour, moi, c'est Camille. Je suis enseignante. C'est un travail très intéressant.
2. Salut, je m'appelle Paul et je suis musicien.
3. Bonjour, je suis Lucia. Je suis comptable. Mon travail est ennuyeux.
4. Bonjour, je m'appelle Audrey. Je suis pharmacienne.
5. Salut, je suis David et je suis pâtissier. C'est un travail passionnant.
6. Bonjour, moi, c'est Johann. Je suis serveur. Mon travail est fatigant.

Lösung

1. Camille est enseignante.
2. Paul est musicien.
3. Lucia est comptable.
4. Audrey est pharmacienne.
5. David est pâtissier.
6. Johann est serveur.

▶ 15 2b Lösung

1. C'est Gabrielle. Elle est architecte.
2. C'est Maxime. Il est dentiste.
3. C'est Sarah. Elle est infirmière.
4. C'est Michel. Il est avocat.

▶ 16 2c Text

1. Je suis professeur. Je travaille dans une école primaire. Je parle français et espagnol.
2. Je suis journaliste. Je parle anglais, espagnol et allemand.
3. Je suis informaticienne. Je travaille dans une banque. Je parle italien, français et anglais.
4. Je suis secrétaire. Je travaille pour un dentiste. Je parle russe et allemand.
5. Je suis artiste peintre. Je parle mandarin et anglais.

Lösung

	français	anglais	espagnol	allemand	italien	mandarin	russe
1.	X		X				
2.		X	X	X			
3.	X	X			X		
4.				X			X
5.		X				X	

▶ 17 **2d Text**

Catherine :	Bonjour, je m'appelle Catherine. Et vous ?
Diego :	Moi, c'est Diego. Je suis chef cuisinier au restaurant Entre ciel et Rhône à Lyon. Vous connaissez ?
Catherine :	Oui, il est célèbre pour sa cuisine gastronomique et son fabuleux décor. Moi, je suis avocate. Vous êtes français ?
Diego :	Non, je suis espagnol. Je viens de Tolède. Et vous ?
Catherine :	C'est une ville magnifique, Tolède ! Moi, j'habite à Vancouver, mais je suis de Toronto. Je suis en France pour une semaine.
Diego :	Ah ! Vous parlez bien français ! Vous parlez d'autres langues ?
Catherine :	Oui, je parle aussi anglais et espagnol. Et vous ?
Diego :	Je parle espagnol, français et allemand. Ma mère est allemande.
Catherine :	Je vois. Je voudrais vous présenter Anne. Vous venez ?

Lösung

	vrai	faux	
1. Catherine est avocate.	☒	☐	
2. Elle habite à Toronto.	☐	☒	Elle est de Toronto.
3. Elle parle seulement anglais.	☐	☒	Elle parle aussi français et espagnol.
4. Diego vient de Tolède.	☒	☐	
5. Il est serveur au restaurant Entre ciel et Rhône.	☐	☒	Il est chef cuisinier.
6. Il parle allemand, français et espagnol.	☒	☐	

▶ 18 **2e Lösung**

1. Bonjour. Je suis Benoît. Je suis coiffeur. Je parle espagnol et français.
2. Bonjour. Je suis Anke. Je suis pharmacienne. Je parle allemand, italien et français.
3. Bonjour. Je suis Peter. Je suis médecin. Je parle anglais et russe.
4. Bonjour. Je suis Elisabeth. Je suis danseuse. Je parle français et mandarin.

B3 D'ici et d'ailleurs

▶ 19 **3a Ich bin Deutsche. Hören Sie und kreuzen Sie an, welche der Wendungen gesagt wird.**

1. ☒ Je suis autrichien. ☐ Je suis autrichienne.
2. ☐ Je suis espagnol. ☐ Je suis espagnole.
3. ☐ Je suis danois. ☐ Je suis danoise.
4. ☐ Je suis camerounais. ☐ Je suis camerounaise.
5. ☐ Je suis allemand. ☐ Je suis allemande.
6. ☐ Je suis iranien. ☐ Je suis iranienne.
7. ☐ Je suis anglais. ☐ Je suis anglaise.
8. ☐ Je suis mexicain. ☐ Je suis mexicaine.

▶ 20 **3b Ein Treffen in Paris. Hören Sie den Dialog. Hören Sie ihn dann noch einmal und ergänzen Sie die angegebenen Wendungen.**

mexicaine • en banlieue • j'habite ici • je viens d'Australie • tu viens d'où

Pauline : Salut ! Je suis Pauline. Et toi ?

Manuela : Moi, c'est Manuela. Tu as un accent, je crois. ____________________ ?

Pauline : ____________________, mais ____________________, à Paris. Et toi ?

Manuela : Moi, je suis ____________________. Je viens de Veracruz.

Pauline : Tu habites près d'ici ?

Manuela : Non, j'habite ____________________, à une heure d'ici.

▶ 21 **3c Sie sind dran! Sie nehmen an einer Fortbildung teil. Stellen Sie sich mithilfe der Angaben und wie im Beispiel vor. Was Sie sagen sollen, ist mit ▲ gekennzeichnet. Die Lösung folgt jeweils im Anschluss.**

Beispiel: Carlo – Italie – Rome – Munich

▲ Bonjour, je m'appelle Carlo. Je suis italien. Je viens de Rome. J'habite à Munich.

1. Loubna – Maroc – Safi – Francfort
2. Uwe – Allemagne – Berlin – Stuttgart
3. Antonia – Espagne – Malaga – Hambourg
4. Melanie – Autriche – Salzbourg – Dresde

B3 D'ici et d'ailleurs

▶ 19 3a Text

1. Je viens d'Autriche. Je suis autrichien.
2. J'habite à Madrid. Je suis espagnole.
3. Je viens du Danemark. Je suis danois.
4. J'habite au Cameroun. Je suis camerounais.
5. Je viens de Leipzig. Je suis allemande.
6. Je viens d'Iran. Je suis iranienne.
7. J'habite à Londres. Je suis anglaise.
8. Je viens du Mexique. Je suis mexicain.

Lösung

1. Je suis autrichien.
2. Je suis espagnole.
3. Je suis danois.
4. Je suis camerounais.
5. Je suis allemande.
6. Je suis iranienne.
7. Je suis anglaise.
8. Je suis mexicain.

▶ 20 3b Text und Lösung

Pauline : Salut ! Je suis Pauline. Et toi ?

Manuela : Moi, c'est Manuela. Tu as un accent, je crois. Tu viens d'où ?

Pauline : Je viens d'Australie, mais j'habite ici, à Paris. Et toi ?

Manuela : Moi, je suis mexicaine. Je viens de Veracruz.

Pauline : Tu habites près d'ici ?

Manuela : Non, j'habite en banlieue, à une heure d'ici.

▶ 21 3c Lösung

1. Bonjour, je m'appelle Loubna. Je suis marocaine. Je viens de Safi. J'habite à Francfort.
2. Bonjour, je m'appelle Uwe. Je suis allemand. Je viens de Berlin. J'habite à Stuttgart.
3. Bonjour, je m'appelle Antonia. Je suis espagnole. Je viens de Malaga. J'habite à Hambourg.
4. Bonjour, je m'appelle Melanie. Je suis autrichienne. Je viens de Salzbourg. J'habite à Dresde.

C En ville

C1 J'aime mon quartier !

▶ 22 **1a Mélanie und Luc sprechen über ihr neues Viertel. Was sagen sie? Kreuzen Sie die richtigen Antworten an.**

1. ☒ Le quartier est tranquille.
   ☐ C'est un quartier vivant.
2. ☐ Il y a beaucoup de parcs.
   ☐ Il y a beaucoup d'arbres.
3. ☐ Il y a une école.
   ☐ Il n'y a pas d'école.
4. ☐ Il y a une boucherie.
   ☐ Il y a une épicerie.
5. ☐ Il y a une boulangerie-pâtisserie.
   ☐ Il y a un restaurant.
6. ☐ Mélanie n'aime pas le quartier.
   ☐ Mélanie aime le quartier.

▶ 23 **1b Sie sind dran! Sie treffen einen Freund und beschreiben ihm ihr Viertel mithilfe der Angaben auf Deutsch. Übernehmen Sie die Rolle im Dialog.**

■ Tu habites à Marseille ?
nein, Straßburg ▲ Non, j'habite à Strasbourg.
■ C'est sympa où tu es ?
ja, ein lebhaftes Viertel ▲ ______
■ Est-ce qu'il y a des restaurants ?
ja, viele ▲ ______
■ Et il y a une école près de chez toi ?
nein, keine ▲ ______

C1 J'aime mon quartier !

▶ 22 1a Text

Mélanie : J'aime bien ici ! C'est beau !

Luc : Oui. Il y a beaucoup d'arbres, et c'est un quartier tranquille.

Mélanie : Je crois qu'il n'y a pas d'école près d'ici.

Luc : Ah, c'est dommage !

Mélanie : Oui, mais c'est vraiment un quartier agréable. Regarde cette petite épicerie ! Elle est sympa ! Dis, tu as faim ? Mon amie Carole dit qu'il y a une très bonne boulangerie-pâtisserie dans le quartier.

Luc : Oui, j'ai faim ! On y va maintenant ?

Lösung

1. Le quartier est tranquille.
2. Il y a beaucoup d'arbres.
3. Il n'y a pas d'école.
4. Il y a une épicerie.
5. Il y a une boulangerie-pâtisserie.
6. Mélanie aime le quartier.

▶ 23 1b Text und Lösung

■ Tu habites à Marseille ?

▲ Non, j'habite à Strasbourg.

■ C'est sympa où tu es ?

▲ Oui, c'est un quartier vivant.

■ Est-ce qu'il y a des restaurants ?

▲ Oui, il y a beaucoup de restaurants.

■ Et il y a une école près de chez toi ?

▲ Non, il n'y a pas d'école.

C2 Pour aller à la boulangerie, s'il vous plait ?

▶ 24 **2a Hören Sie und wiederholen Sie die typischen Sätze, um einen Weg zu erfragen oder eine Richtung anzugeben.**

▶ 25 **2b Mélanie sucht die Bäckerei-Konditorei, die ihre Freundin Carole ihr empfohlen hat. Hören Sie und kreuzen Sie die Angaben an, die der Passant macht.**

- ☐ Traverser la rue du Centre.
- ☐ Aller tout droit dans la rue du Centre.
- ☐ Tourner à droite dans l'avenue Camille Claudel.
- ☐ Traverser l'avenue Camille Claudel.
- ☐ Prendre la deuxième à droite.
- ☐ La boulangerie se trouve sur la place Emile Zola, à gauche.

▶ 26 **2c Luc fragt einen Nachbarn, wo das Kino ist und bekommt auch weitere Tipps. Hören Sie und kreuzen Sie an, ob die Aussagen über den Dialog richtig (vrai) oder falsch (faux) sind.**

	vrai	faux
1. Le cinéma est derrière le musée.	☐	☐
2. La pharmacie est à droite de la boulangerie.	☐	☐
3. Le distributeur est à gauche de la gare.	☐	☐
4. La station de métro est à côté de l'hôtel de ville.	☐	☐
5. La poste est dans l'avenue Camille Claudel.	☐	☐

▶ 27 **2d Sie sind dran! Hören Sie und beschreiben Sie den Passanten den Weg ab dem roten Punkt auf den Stadtplan. Folgen Sie dem Beispiel.**

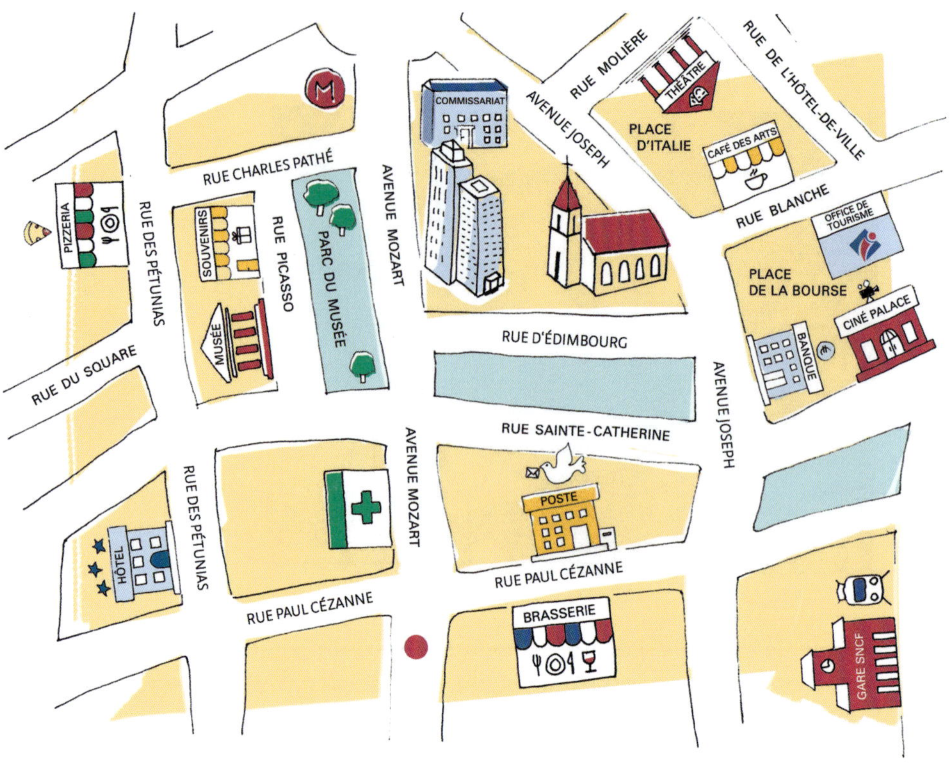

Beispiel:

■ Excusez-moi, monsieur, je cherche la gare.

▲ *Vous allez tout droit. Ensuite, vous prenez la première rue à droite. C'est la rue Paul Cézanne. Après, vous prenez encore la première à droite, c'est l'avenue Joseph. La gare est là, à gauche.*

1. ◆ Pardon, est-ce qu'il y a une pizzeria dans le quartier ?

▲ ____________ Ensuite, vous prenez ____________
C'est ____________ Après, ____________
____________ C'est ____________

2. ● Excusez-moi, pour aller à la banque, s'il vous plait ?

▲ ____________ Ensuite, vous prenez ____________
____________ C'est ____________
____

C2 Pour aller à la boulangerie, s'il vous plait ?

▶ 24 2a Text

1. Excusez-moi, pour aller à l'hôtel de ville, s'il vous plait ?
2. Excusez-moi, monsieur, je cherche le cinéma.
3. Madame, est-ce qu'il y a une banque dans le quartier ?
4. Vous allez tout droit.
5. Vous prenez la première rue à droite, ensuite vous tournez à gauche.
6. La banque est en face.

▶ 25 2b Text

Mélanie : Je vais demander à quelqu'un où se trouve la boulangerie.

Luc : D'accord.

Mélanie : Excusez-moi monsieur, pour aller à la boulangerie du quartier, s'il vous plait ?

Le passant : Ce n'est pas très loin d'ici. Vous voyez la rue du Centre ?

Mélanie : Oui.

Le passant : Vous prenez la rue du Centre. Vous allez tout droit jusqu'à l'avenue Camille Claudel. Vous tournez à droite dans l'avenue. Après, aux premiers feux, vous traversez et vous continuez tout droit. Ensuite, vous prenez la première rue à gauche et vous continuez jusqu'à la place Emile Zola. La boulangerie est sur la place à gauche.

Mélanie : Je continue tout droit et je prends... euh. Vous pouvez répéter ?

Le passant : Bien sûr. Ensuite, vous prenez la première rue à gauche et vous continuez jusqu'à la place Emile Zola. La boulangerie est là.

Mélanie : D'accord. C'est loin ?

Le passant : Non, c'est à cinq, six minutes à pied. C'est délicieux, vous allez voir.

Mélanie : Merci, monsieur.

Lösung

☐ Traverser la rue du Centre.

☒ Aller tout droit dans la rue du Centre.

☒ Tourner à droite dans l'avenue Camille Claudel.

☒ Traverser l'avenue Camille Claudel.

☐ Prendre la deuxième rue à droite.

☒ La boulangerie se trouve sur la place Emile Zola, à gauche.

▶ 26 2c Text

Luc :	Bonjour, je voudrais voir un film avec mon amie. Je ne connais pas encore bien le quartier. Pouvez-vous me dire où se trouve le cinéma ?
Le voisin :	Bien sûr ! Il est en face du musée dans la rue Picasso.
Luc :	Merci. Et la pharmacie ? C'est toujours pratique de savoir où il y a une pharmacie.
Le voisin :	C'est vrai. Elle est à droite de la boulangerie, rue Lepic. Vous voulez savoir où il y a un distributeur ? Ça aussi, c'est pratique.
Luc :	Ah oui, s'il vous plait.
Le voisin :	C'est facile, il est au bout de la rue à gauche de la gare.
Luc :	C'est noté. J'utilise les transports en commun. Est-ce qu'il y a une station de métro dans le quartier ?
Le voisin :	Oui, elle est en face de l'hôtel de ville. Et si vous avez besoin d'aller à la poste, elle est dans l'avenue Camille Claudel, près du café des Artistes.
Luc :	Merci beaucoup pour toutes ces informations ! Je réserve deux places de cinéma tout de suite.

Lösung

	vrai	faux	
1. Le cinéma est derrière le musée.	☐	☒	Il est en face.
2. La pharmacie est à droite de la boulangerie.	☒	☐	
3. Le distributeur est à gauche de la gare.	☒	☐	
4. La station de métro est à côté de l'hôtel de ville.	☐	☒	Elle est en face.
5. La poste est dans l'avenue Camille Claudel.	☒	☐	

▶ 27 2d Text und Lösung

1. ◆ Pardon, est-ce qu'il y a une pizzeria dans le quartier ?

   ▲ Oui, vous allez tout droit. Ensuite, vous prenez la troisième rue à gauche. C'est la rue Charles Pathé. Après, vous prenez la deuxième rue à gauche. C'est la rue des Pétunias. La pizzeria est là, en face.

2. ● Excusez-moi, pour aller à la banque, s'il vous plait ?

   ▲ Vous allez tout droit. Ensuite, vous prenez la troisième rue à droite. C'est la rue d'Edimbourg. La banque est au bout, à droite.

C3 Chez moi

▶ 28 **3a Hören Sie und ergänzen Sie, in welcher Art von Unterkunft die vier Sprecher wohnen.**

une maison à la campagne • une ferme isolée • un appartement en ville • un studio au centre-ville

1. Nathanaël habite dans ______________________.
2. Louise habite dans ______________________.
3. Chloé habite dans ______________________.
4. William habite dans ______________________.

▶ 29 **3b Nathanaël beschreibt seiner Freundin Doria seine Unterkunft. Was hat er vergessen zu beschreiben?**

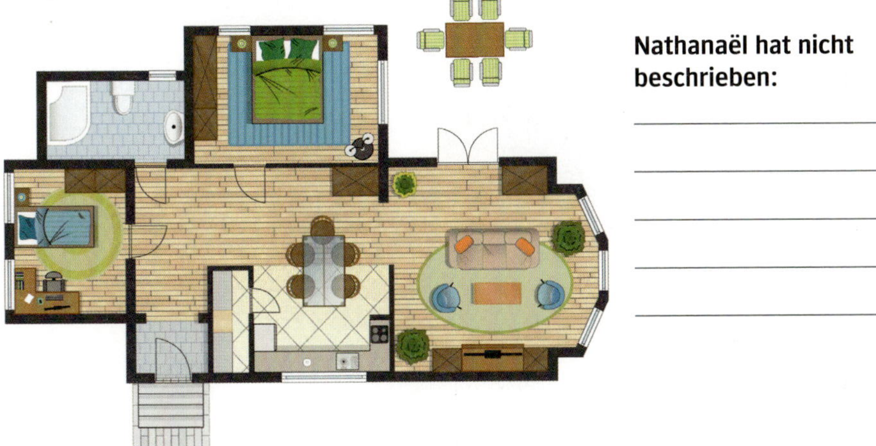

Nathanaël hat nicht beschrieben:

____

____

____

____

____

▶ 30 **3c Sie sind dran! Sehen Sie sich den Grundriss an. Dann hören Sie und antworten Sie auf die Fragen auf Seite 32 oben.**

1. ■ Combien est-ce qu'il y a de chambres ?
   ▲ ______________________________
2. ■ Les lits sont doubles ou simples ?
   ▲ ______________________________
3. ■ Est-ce qu'il y a des bureaux dans les chambres ?
   ▲ ______________________________
4. ■ Il y a une terrasse ?
   ▲ ______________________________
5. ■ Combien est-ce qu'il y a de salle de bains ?
   ▲ ______________________________
6. ■ Est-ce qu'il y a une grande cuisine ?
   ▲ ______________________________

▶ 31 **3d Sagen Sie jeweils, wo das rote Kissen ist, und hören Sie die Lösung.**

Beispiel:

Le coussin rouge est sous le canapé.

1. ______________________________

3. ______________________________

2. ______________________________

4. ______________________________

C3 Chez moi

▶ 28 **3a Text**

Nathanaël : Je suis Nathanaël. Mon appartement est grand et moderne. J'habite en ville, dans un quartier sympa et vivant de Bordeaux. Il y a des restaurants et des bars. Il y a aussi une bibliothèque et une piscine.

Louise : Moi, c'est Louise. J'habite avec mes parents. On est à la campagne, à Milly-la-Forêt. C'est un endroit tranquille. Tout le monde se connait. On n'est pas très loin du centre du village. C'est pratique. La maison est grande : il y a cinq chambres, donc on a de la place pour les invités.

Chloé : Je suis Chloé et je n'aime pas le bruit de la ville. Je n'aime pas avoir des voisins, alors je suis contente d'habiter dans une ferme en Normandie. Les oiseaux chantent, c'est calme et isolé. Ce n'est pas un problème pour moi d'être loin des magasins.

William : Moi, je suis William et je suis étudiant. C'est important pour moi d'être près de tout. Je n'ai pas de voiture, alors habiter dans un studio au centre-ville de Grenoble, c'est vraiment super. Je peux sortir avec mes amis et faire mes courses. L'université est aussi près de chez moi.

Lösung

1. Nathanaël habite dans un appartement en ville.
2. Louise habite dans une maison à la campagne.
3. Chloé habite dans une ferme isolée.
4. William habite dans un studio au centre-ville.

▶ 29 **3b Text**

Doria : Alors Nathanaël, cet appartement, il est comment ?

Nathanaël : Il est super. Il est au rez-de-chaussée, alors j'ai la vue sur un joli parc.

Doria : Fantastique ! Et à l'intérieur, c'est comment ?

Nathanaël : Il y a quatre pièces : deux chambres, une grande cuisine / salle à manger et un salon.

Doria : Tu peux me décrire les pièces ? On commence par la cuisine ?

Nathanaël : Si tu veux. C'est une grande cuisine équipée. Il y a aussi un coin repas avec une table rectangulaire et cinq chaises.

Doria : Ah ! Et le salon ?

Nathanaël : Dans le salon, il y a un grand canapé, des coussins orange, une table basse, des plantes vertes, et un tapis.

Doria : Ah oui ? Et elle est comment ta chambre ?

Nathanaël : Il y a un lit double, deux tables de nuit et une armoire. Dans la seconde chambre, il y a un lit simple, un bureau, une table de nuit et une grande armoire.

Doria : Je le visite quand ?

Nathanaël : Quand tu veux !

Lösung

Nathanaël hat nicht beschrieben: Il y a deux fauteuils dans le salon, des tapis dans les chambres et une terrasse.

▶ 30 **3c Text und Lösung**

1. ■ Combien est-ce qu'il y a de chambres ?
   ▲ Il y a deux chambres.
2. ■ Les lits sont doubles ou simples ?
   ▲ Dans une chambre, le lit est double. Dans l'autre chambre, le lit est simple.
3. ■ Est-ce qu'il y a des bureaux dans les chambres ?
   ▲ Oui, il y a des bureaux.
4. ■ Il y a une terrasse ?
   ▲ Non, il y a un balcon.
5. ■ Combien est-ce qu'il y a de salle de bains ?
   ▲ Il y a une salle de bains.
6. ■ Est-ce qu'il y a une grande cuisine ?
   ▲ Non, il y a une petite cuisine dans le salon.

▶ 31 **3d Lösung**

1. Le coussin rouge est sur le bureau.
2. Le coussin rouge est derrière la chaise.
3. Le coussin rouge est à côté de la plante verte.
4. Le coussin rouge est devant l'armoire.

C4 On y va !

▶ 32 **4a Ordnen Sie die Wörter zu sinnvollen Sätzen und hören Sie sie dann zur Kontrolle.**

1. au – vais – Je – métro – supermarché – en

   ____

2. vélo – pour – Moi – au – aller – le – prends – parc – je

   ____

3. Généralement – train – je – pour – en – vacances – le – aller – prends

   ____

4. prends – travail – alors – loin – est – je – la – Mon – voiture

   ____

5. pour – Le – préfère – le – la – c'est – tramway – je – ville – métro – voir – bien – mais

   ____

   ____

▶ 33 **4b Hören Sie den Dialog zwischen drei Kollegen im Büro und verbinden Sie die richtigen Satzteile. Es sind mehrere Antworten möglich. Eine Angabe bleibt übrig.**

1. Nabil va au travail	en voiture.
	à pied.
2. Sacha va au travail	en bus.
	en métro.
3. Mia va au travail	en voiture.
	à vélo.
	en train.

▶ 34 **4c Sie sind dran! Hören Sie und sprechen Sie die Sätze nach.**

C4 On y va !

▶ 32 4a Lösung

1. Je vais au supermarché en métro.
2. Moi, pour aller au parc, je prends le vélo. / Moi, je prends le vélo pour aller au parc.
3. Généralement, je prends le train pour aller en vacances.
4. Mon travail est loin, alors je prends la voiture.
5. Le métro, c'est bien, mais je préfère le tramway pour voir la ville.

▶ 33 4b Text

Nabil : Demain, moi je viens au travail à vélo.

Sacha : Ah bon, Nabil ?

Nabil : Je fais ça en été. J'aime bien, c'est agréable avant et après une journée de travail.

Sacha : Oui, c'est vrai. Je voudrais faire la même chose, mais j'habite trop loin. Alors, je viens au travail en métro et en bus. Je peux lire pendant le voyage. C'est agréable aussi. Et après l'été, tu viens comment ?

Nabil : Je viens en voiture, c'est plus rapide !

Sacha : Ah, c'est sûr ! Et toi, Mia, comment tu viens au travail ?

Mia : Moi, parfois je viens en bus, surtout quand je suis en retard. Parfois, je viens à pied.

Sacha : Moi aussi je prends le bus. On peut le prendre ensemble un jour si tu veux.

Mia : C'est une bonne idée, Sacha.

Lösung

1. Nabil va au travail	en voiture.	à vélo.
2. Sacha va au travail	en bus.	en métro.
3. Mia va au travail	à pied.	en bus.

Es bleibt übrig: en train.

▶ 34 4c Text

1. Nabil, Sacha et Mia sont collègues.
2. Ils parlent des moyens de transports.
3. Nabil va au travail en voiture.
4. En été, Nabil préfère aller au travail à vélo.
5. Sacha habite trop loin, alors il va travailler en métro et en bus.
6. Quand elle est en retard, Mia part au travail à pied ou en bus.
7. Sacha et Mia prennent le bus tous les deux.

D Parler de ses loisirs et de sa famille

D1 Je fais de la randonnée

▶ 35 **1a Sie hören eine aktuelle Umfrage zum Thema Freizeitaktivitäten. Welche der folgenden Sportarten kommen in der Umfrage vor?**

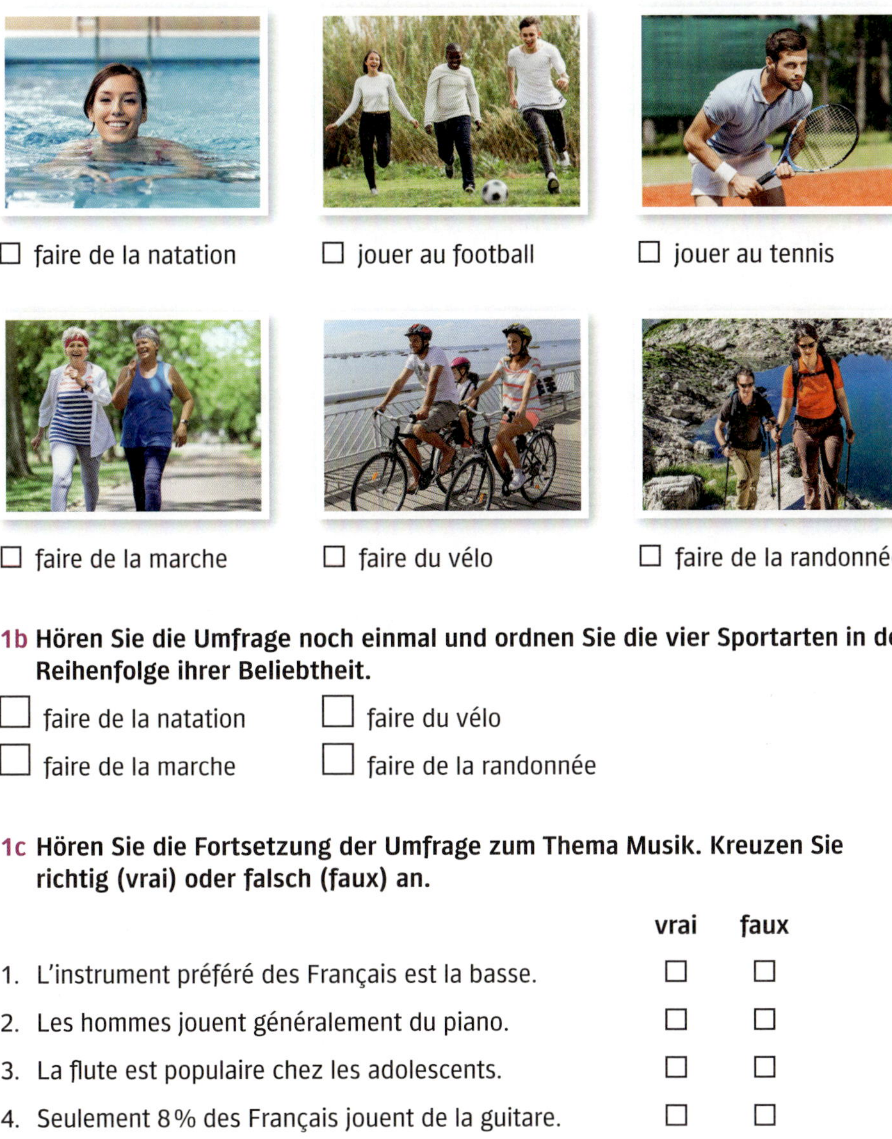

☐ faire de la natation ☐ jouer au football ☐ jouer au tennis

☐ faire de la marche ☐ faire du vélo ☐ faire de la randonnée

▶ 35 **1b Hören Sie die Umfrage noch einmal und ordnen Sie die vier Sportarten in der Reihenfolge ihrer Beliebtheit.**

☐ faire de la natation ☐ faire du vélo

☐ faire de la marche ☐ faire de la randonnée

▶ 36 **1c Hören Sie die Fortsetzung der Umfrage zum Thema Musik. Kreuzen Sie richtig (vrai) oder falsch (faux) an.**

	vrai	faux
1. L'instrument préféré des Français est la basse.	☐	☐
2. Les hommes jouent généralement du piano.	☐	☐
3. La flute est populaire chez les adolescents.	☐	☐
4. Seulement 8 % des Français jouent de la guitare.	☐	☐

▶ 37 **1d Spielen Sie ein Instrument? Hören Sie und beantworten Sie die Fragen mithilfe der Stichworte, die der Sprecher Ihnen vorgibt.**

D1 Je fais de la randonnée

35 **1a/b Text**

Un sondage récent répond à la question suivante : quels sont les loisirs les plus populaires en France ? En ce qui concerne le sport, 60 % des Français disent que leur sport préféré est la marche. 48 % font de la randonnée. 39 % des sportifs font de la natation et 23 % font du vélo. Le sport le plus pratiqué en club en France est le football.

Lösung

faire de la marche, faire de la randonnée, faire de la natation, faire du vélo, jouer au football

[3] faire de la natation	[4] faire du vélo
[1] faire de la marche	[2] faire de la randonnée

36 **1c Text**

En ce qui concerne la musique, beaucoup de Français jouent de la guitare et du piano. Les hommes s'intéressent plus à la guitare, et les femmes plus au piano. En troisième position, nous avons la flute : 28 % des Français jouent de cet instrument, surtout les adolescents. Seulement 8 % des pratiquants jouent de la basse.

Lösung

	vrai	faux	
1. L'instrument préféré des Français est la basse.	☐	☒	la guitare et le piano
2. Les hommes jouent généralement du piano.	☐	☒	de la guitare
3. La flute est populaire chez les adolescents.	☒	☐	
4. Seulement 8 % des Français jouent de la guitare.	☐	☒	de la basse

37 **1d Text und Lösung**

1. ■ Est-ce que vous jouez d'un instrument ?
   – *oui, la guitare*
   ▲ Oui, je joue de la guitare.

2. ● Tu joues au football ?
   – *non*
   ▲ Non, je ne joue pas au football.

3. ◆ Est-ce que vous faites de la randonnée ?
   – *non, la marche*
   ▲ Non, je fais de la marche.

4. ● Dis-moi, tu joues du piano ?
   – *oui*
   ▲ Oui, je joue du piano.

D2 J'adore ! Je déteste !

▶ 38 **2a Hören Sie und kreuzen Sie an, welche Dinge Romy und Sébastien beschreiben.**

☐ Lieblingsspeisen ☐ Freizeitaktivitäten ☐ Musikgruppen

▶ 38 **2b Hören Sie jetzt noch einmal und ergänzen Sie die Beschreibungen mit den angegebenen Verben. Diese können mehrmals vorkommen.**

déteste • n'aime pas du tout • adore • n'aime pas beaucoup •
aime • aime bien • aime beaucoup • n'aime pas

1. ________________ la musique et ________________ chanter.
________________ le café et ________________ lire aussi.
________________ la nature. ________________ faire du sport,
mais ________________ danser et faire de la peinture.

2. Moi, ________________ jouer du piano. ________________
regarder le football à la télé et ________________ faire du ski.
Mais ________________ la montagne pour faire des randonnées.
________________ prendre des cours d'allemand.
________________ jouer au rugby avec mes amis.

▶ 39 **2c Sie sind dran. Sagen Sie, was Sie mögen und was nicht – mit den angegebenen Aktivitäten. Hören Sie zuerst das Beispiel.**

aller au cinéma • ~~faire de la randonnée~~ • prendre le métro • faire de la couture •
faire de la natation • parler espagnol

Beispiel: wandern – nicht so gerne mögen

▲ *Je n'aime pas beaucoup faire de la randonnée.*

1. nähen – lieben, sehr mögen
2. ins Kino gehen – nicht gerne mögen
3. schwimmen – hassen
4. Spanisch sprechen – gerne mögen
5. mit der U-Bahn fahren – gar nicht mögen

D2 J'adore ! Je déteste !

▶ 38 **2a/b Text und Lösung**

1. *J'adore* la musique et *j'aime beaucoup* chanter. *J'aime* le café et *j'aime bien* lire aussi. *Je n'aime pas beaucoup* la nature. *Je déteste* faire du sport, mais *j'aime bien* danser et faire de la peinture.

2. Moi, *j'aime* jouer du piano. *Je n'aime pas du tout* regarder le football à la télé et *je déteste* faire du ski. Mais *j'aime bien* la montagne pour faire des randonnées. *J'aime beaucoup* prendre des cours d'allemand. *J'aime bien* jouer au rugby avec mes amis.

☒ Freizeitaktivitäten

▶ 39 **2c Lösung**

1. *J'adore faire de la couture.*
2. *Je n'aime pas beaucoup aller au cinéma.*
3. *Je déteste faire de la natation.*
4. *J'aime bien parler espagnol.*
5. *Je n'aime pas du tout prendre le métro.*

D3 Ma famille

▶ 40 **3a Ergänzen Sie die Tabelle. Dann hören Sie und sprechen Sie die Verwandtschaftsbezeichnungen nach.**

féminin	masculin	féminin	masculin
la femme	le mari		le petit-fils
la mère		la tante	
	le frère		le beau-père
la grand-mère		la belle-sœur	

▶ 41 **3b Marjorie zeigt Hugo Familienfotos. Hören Sie und ergänzen Sie dann die Sätze.**

1. Gilles est __________ de Marjorie.
2. Carmen est __________ de Marjorie.
3. Pauline est __________ de Marjorie.
4. Tristan est __________ de Marjorie.
5. Marjorie est __________ d'Antoine.
6. Tristan est __________ de Claire.

▶ 42 **3c Sie sind dran! Stellen Sie die Familie auf dem Foto vor und übernehmen Sie dabei unterschiedliche Rollen wie angegeben. Hören Sie zuerst das Beispiel.**

Beispiel: Clarysse: Bruder – Eltern – Großmutter

▲ *Mon frère s'appelle Alexandre. Mes parents s'appellent Jean-Marc et Corine. Ma grand-mère s'appelle Françoise.*

1. Alexandre: Vater – Mutter – Schwester
2. Jean-Marc: Schwiegervater – Schwiegermutter – Ehefrau
3. Françoise: Ehemann – Enkelin – Enkel

D3 Ma famille

▶ 40 **3a Text und Lösung**

féminin	**masculin**	**féminin**	**masculin**
la femme	le mari	*la petite-fille*	le petit-fils
la mère	*le père*	la tante	*l'oncle*
la sœur	le frère	*la belle-mère*	le beau-père
la grand-mère	*le grand-père*	la belle-sœur	*le beau-frère*

▶ 41 **3b Text**

Hugo : Marjorie, il y a qui sur cette photo ?

Marjorie : Ma mère, Claire, avec ses frères et sœurs : Gilles, Samuel et Catherine.

Hugo : Donc ta mère a trois frères et sœurs ?

Marjorie : Oui, Hugo. Et là, tu vois, ce sont les parents de ma mère, Antoine et Carmen.

Hugo : Ils sont jeunes pour des grands-parents ! Et là, c'est qui ? Je vois ta mère ici mais les autres, je ne les connais pas.

Marjorie : Ici, il y a mes parents, Claire et Tristan. Et là, c'est ma sœur, Pauline. Et le bébé là, c'est moi !

Hugo : Tu étais un beau bébé !

Lösung

1. Gilles est *l'oncle* de Marjorie.
2. Carmen est *la grand-mère* de Marjorie.
3. Pauline est *la sœur* de Marjorie.
4. Tristan est *le père* de Marjorie.
5. Marjorie est *la petite-fille* d'Antoine.
6. Tristan est *le mari* de Claire.

▶ 42 **3c Lösung**

1. *Mon père s'appelle Jean-Marc. Ma mère s'appelle Corine. Ma sœur s'appelle Clarysse.*
2. *Mon beau-père s'appelle Georges. Ma belle-mère s'appelle Françoise. Ma femme s'appelle Corine.*
3. *Mon mari s'appelle Georges, ma petite-fille, Clarysse, et mon petit-fils, Alexandre.*

D4 Un air de famille

▶ 43 **4a Timo beschreibt seine Familie. Hören Sie und notieren Sie die Namen der beschriebenen Personen unter dem passenden Foto.**

____________________ ____________________ ____________________

▶ 44 **4b Sie sind dran! Beschreiben Sie die beiden Personen wie in 4a – zuerst schriftlich, dann mündlich – und hören Sie dann zur Kontrolle.**

1. La femme est…

____

____

____

____

2. ____________________

____

____

____

____

▶ 45 **4c Bei Personen kann man auch die Persönlichkeit beschreiben. Hören Sie den Dialog zweier Freundinnen über ihre Familien und ordnen Sie die Adjektive richtig ein.**

qualités	défauts

▶ 46 **4d Hören Sie. Dann hören Sie nochmals und ergänzen Sie die Lücken mit den angegebenen Adjektiven.**

antipathique • calme • sérieuse • généreuse • intelligente • honnête • ennuyeux • pessimiste • patient • sportive

1. Jean est mon ami. J'aime être avec lui parce qu'il est ______________ et ______________. Il n'est jamais ______________.
2. Ma grand-mère s'appelle Clara. Elle est ______________. Elle est aussi ______________ et ______________. C'est une grand-mère extraordinaire !
3. Ma fille Margaux va à l'université. Elle étudie la psychologie. Elle est ______________ et ______________.
4. Éric, c'est mon oncle. Je ne le vois pas beaucoup parce qu'il est ______________ et ______________.

▶ 47 **4e Sie sind dran! Übernehmen Sie eine Rolle in vier Dialogen und beschreiben Sie Personen mithilfe der Angaben. Hören Sie zuerst das Beispiel.**

Beispiel: adorable – avoir toujours le sourire

■ Tu connais cette serveuse ?

▲ *Oui, cette serveuse est adorable. Elle a toujours le sourire.*

1. calme et patiente – jamais pessimiste
2. très sportive – aussi sérieuse
3. amusant – toujours de bonne humeur
4. antipathique et nerveux – pas facile de travailler avec lui

D4 Un air de famille

▶ 43 4a Text

a. Ma sœur Louise a 28 ans. Elle est grande et mince. Ses yeux sont grands et verts. Elle a les cheveux blonds et longs.

b. Mon frère Victor est grand et musclé. Il a 31 ans. Il a les cheveux bruns et courts. Ils sont ondulés. Ses yeux sont grands et marron. Il ne porte pas de lunettes, mais il a une barbe.

c. Mes parents sont incroyables ! Ma mère, Madeline, a 69 ans maintenant. Elle est en pleine forme. Elle a les cheveux blancs. Ils sont courts. Ses yeux sont marron. Elle porte des lunettes pour lire et regarder la télé. Elle est grande et mince, comme Louise. Mon père, Michel, est grand et mince aussi. Il a les cheveux gris. Il porte toujours un chapeau.

Lösung

Foto 1 = Victor

Foto 2 = Madeline et Michel

Foto 3 = Louise

▶ 44 4b Lösung

1. La femme est jeune. Elle est grande et mince. Elle porte des lunettes de soleil. Elle a les cheveux bruns et longs.
2. L'homme est vieux. Il a les cheveux gris et courts. Ils sont ondulés. Il porte une barbe.

▶ 45 4c Text

Mathilde : Oh là là ! C'est pas possible !

Sylvie : Qu'est-ce qui se passe ? C'est ta sœur encore ?

Mathilde : Oui, c'est Juliette, comme d'habitude ! Elle est vraiment méchante ! Elle cherche toujours les problèmes. C'est une menteuse en plus. Heureusement que je ne vis plus chez mes parents !

Sylvie : C'est vrai, mais ta mère est très gentille.

Mathilde : Oui, et mon père aussi ! Il est sensible mais un peu pessimiste parfois.

Sylvie : C'est quand même génial d'avoir des parents comme ça. Moi, j'aime bien ma sœur. Elle est curieuse et toujours optimiste.

Mathilde : J'aimerais bien la rencontrer. Tu me la présentes ?

▶ 45 **4c Lösung**

qualités	défauts
gentille	*méchante*
optimiste	*menteuse*
sensible	*pessimiste*
curieuse	

▶ 46 **4d Text und Lösung**

1. Jean est mon ami. J'aime être avec lui parce qu'il est *calme* et *patient*. Il n'est jamais *pessimiste*.
2. Ma grand-mère s'appelle Clara. Elle est *sportive*. Elle est aussi *généreuse* et *honnête*. C'est une grand-mère extraordinaire !
3. Ma fille Margaux va à l'université. Elle étudie la psychologie. Elle est *sérieuse* et *intelligente*.
4. Éric, c'est mon oncle. Je ne le vois pas beaucoup parce qu'il est *antipathique* et *ennuyeux*.

▶ 47 **4e Text und Lösung**

1. ● Charles, vous me parlez de votre fille Cécile ?

   ▲ *Ma fille Cécile est calme et patiente. Elle n'est jamais pessimiste.*

2. ■ Salut Sarah. Comment est ta nouvelle collègue de bureau ?

   ▲ *Ma nouvelle collègue est très sportive. Elle est aussi sérieuse.*

   ■ Comme toi !

3. ● Alors, tu me décris ton ami Michaël ?

   ▲ *Mon ami Michaël est amusant. Il est toujours de bonne humeur.*

   ● Tu me le présentes ?

4. ◆ C'est ton chef ? Comment est-il ?

   ▲ *Mon chef est antipathique et nerveux. Ce n'est pas facile de travailler avec lui.*

   ◆ Oh là là ! J'imagine...

E Parler de ses habitudes

E1 Je vais souvent au restaurant

▶ 48 **1a Joseph befragt Thorsten für eine Straßenumfrage zu seinen Gewohnheiten. Hören Sie den Dialog und wählen Sie die jeweils richtige Antwort aus.**

1. ☐ Thorsten a le temps de prendre son petit déjeuner à la maison.
   ☐ Thorsten n'a pas le temps de prendre son petit déjeuner à la maison.
2. ☐ Il fait du sport pendant la pause déjeuner.
   ☐ Il rentre chez lui à l'heure du déjeuner.
3. ☐ Il mange devant l'ordinateur.
   ☐ Il déjeune avec des collègues.
4. ☐ Il aime bien rester chez lui après le travail.
   ☐ Quand il finit de travailler, il aime aller au cinéma ou au restaurant.

▶ 48 **1b Hören Sie den Dialog noch einmal und sortieren Sie Thorstens Gewohnheiten nach Tageszeit in die Tabelle ein.**

le matin	le midi	le soir
je prends une douche		

▶ 49 **1c Über Gewohnheiten sprechen. Hören Sie und sprechen Sie nach.**

E1 Je vais souvent au restaurant

▶ 48 **1a/b Text**

Joseph : Bonjour. Excusez-moi, est-ce que vous avez deux petites minutes ? Je voudrais vous poser quelques questions pour un sondage.

Thorsten : Oui bien sûr.

Joseph : Merci. Alors, vous prenez votre petit-déjeuner à la maison ?

Thorsten : Je n'ai pas le temps. Je prends une douche, je bois un café et je prends mon petit-déjeuner au bureau.

Joseph : D'accord. Et vous rentrez chez vous pour déjeuner ?

Thorsten : Non, je ne rentre pas chez moi. Je fais du sport pendant la pause déjeuner : du pingpong ou du jogging. Alors, je mange au bureau avec des collègues.

Joseph : Pour finir, où est-ce que vous prenez votre diner ?

Thorsten : Je vais souvent au restaurant ou au cinéma après le travail. C'est agréable !

Joseph : Merci beaucoup pour toutes ces réponses. Je vous souhaite une bonne journée.

Lösung

1. Thorsten n'a pas le temps de prendre son petit déjeuner à la maison.
2. Il fait du sport pendant la pause déjeuner.
3. Il déjeune avec des collègues.
4. Quand il finit de travailler, il aime aller au cinéma ou au restaurant.

le matin	le midi	le soir
je prends une douche je bois un café je prends mon petit-déjeuner au bureau	je fais du pingpong ou du jogging je mange au bureau avec des collègues	je vais souvent au restaurant ou au cinéma

▶ 49 **1c Text**

1. Le lundi, je fais un cours de tango après le travail.
2. Je rentre chez moi pour le déjeuner.
3. Après le travail, je fais trente minutes de fitness.
4. Je vais souvent à la piscine le dimanche.

E2 À quelle heure ?

▶ 50 **2a Hören Sie die sechs Dialoge und ordnen Sie dann die Uhren dem passenden Dialog zu.**

▶ 50 **2b Hören Sie noch einmal und kreuzen Sie an, welche Uhrzeit umgangssprachlich ausgedrückt ist und welche offiziell (24-Stunden Uhr).**

	offiziell	umgangsspr.
1. 10h15	☐	☒
2. 11h50	☐	☐
3. 00h00	☐	☐
4. 17h30	☐	☐
5. 14h05	☐	☐
6. 15h45	☐	☐

▶ 51 **2c Sie sind dran! Schauen Sie sich die Kursübersicht an und sagen Sie die Kurszeiten offiziell und wie im Beispielsatz. Anschließend hören Sie zur Kontrolle.**

	cours de Pilates	cours de guitare	cours de cuisine
début	8h30	15h30	18h00
fin	10h00	16h15	19h40

Beispiel: Le cours de Pilates commence à… et finit à…

▶ 52 **2d Sie sind dran! Beschreiben Sie die Tagesabläufe von Amine und Éva-Marie mit den angegebenen Uhr- und Tageszeiten wie im Beispiel. Nennen Sie die Uhrzeiten umgangssprachlich.**

Amine

Éva-Marie

Le matin :

Amine	Éva-Marie
~~prendre une douche – 6h00~~	promener son chien – 7h45
prendre le petit déjeuner – 6h30	lire le journal – 8h20
partir au travail – 7h00	

Le soir :

Amine	Éva-Marie
faire les courses – 17h10	préparer le diner – 18h35
rentrer chez lui – 18h15	regarder un film – 21h00

Beispiel: Le matin, Amine prend une douche à six heures…

E3 À quelle heure ?

▶ 50 **2a Text**

1. ■ À quelle heure as-tu ton cours de salsa demain matin ?
   ● À dix heures et quart.

2. ◆ Bonjour, j'ai bien rendez-vous avec le docteur Klein à midi ?
   ● Non, c'est à onze heures cinquante, mais il a un peu de retard.

3. ■ Excusez-moi, à quelle heure ferme ce restaurant ?
   ● Nous fermons à minuit.

4. ◆ Excusez-moi, monsieur, vous avez l'heure, s'il vous plait ?
   ■ Il est cinq heures et demie.
   ◆ Merci. Oh là là, je vais arriver en retard chez le coiffeur, moi.

5. ■ À quelle heure tu as réservé la séance de cinéma ?
   ● Le film commence à quatorze heures cinq.

6. ◆ Tu sors de l'école à quelle heure aujourd'hui ?
   ● Je finis à quatre heures moins le quart.
   ◆ D'accord. Je viens te chercher, et on va à l'anniversaire d'Alice.

Lösung

1	10h15	4	17h30	6	15h45
2	11h50	3	00h00	5	14h05

▶ 50 **2b Lösung**

	offiziell	umgangsspr.
1. 10h15	☐	☒
2. 11h50	☒	☐
3. 00h00	☐	☒
4. 17h30	☐	☒
5. 14h05	☒	☐
6. 15h45	☐	☒

▶ 51 **2c Lösung**

Le cours de Pilates commence à huit heures trente et finit à dix heures.

Le cours de guitare commence à quinze heures trente et finit à seize heures quinze.

Le cours de cuisine commence à dix-huit heures et finit à dix-neuf heures quarante.

▶ 52 **2d Lösung**

Le matin, Amine prend une douche à six heures.
Il prend le petit déjeuner à six heures et demie.
Il part au travail à sept heures.

Le soir, il fait les courses à cinq heures dix.
Il rentre chez lui à six heures et quart.

Le matin, Éva-Marie promène son chien à huit heures moins le quart. Elle lit le journal à huit heures vingt.

Le soir, elle prépare le diner à sept heures moins vingt-cinq. Elle regarde un film à neuf heures.

E3 Une fois par semaine, le lundi

▶ 53 **3a Laurent erzählt, was er montags macht. Hören Sie und ordnen Sie dann die Tätigkeiten chronologisch.**

- ☐ Il fait les courses et le ménage.
- ☐ Il rentre chez lui.
- ☐ Il va dans un café.
- ☐ C'est l'heure de l'apéritif.
- ☐ Il va à son cours.
- ☐ Il va à la gym.

▶ 54 **3b Olivia und Adam möchten zusammen ins Kino gehen, aber Olivia hat viele andere Termine ... Hören Sie den Dialog und notieren Sie die Aktivitäten von Olivia im Kalender.**

Agenda d'Olivia						
lundi	mardi	mercredi	jeudi	vendredi	samedi	dimanche
		dentiste 11h				

Wann gehen sie ins Kino? ______________________

▶ 55 **3c Hören Sie den Dialog noch einmal. Dann hören Sie ▶ 55 und beantworten Sie die Fragen.**

1. Que fait Olivia lundi ? ______________________
2. Est-ce qu'elle est libre mercredi ? ______________________
3. Est-ce qu'elle a un cours de guitare jeudi ? ______________________
4. Est-ce qu'elle peut voir Adam ce weekend ? ______________________

E3 Une fois par semaine, le lundi

▶ 53 **3a Text**

Laurent : Le lundi, je ne travaille pas. Généralement, le matin, je vais à la gym. Ensuite, j'aime bien aller dans un café avec un bon livre. L'après-midi, je fais les courses et le ménage. Mon cours de peinture commence à 17h30 et finit à 18h30. Enfin, c'est l'heure de l'apéritif chez les amis. Je rentre chez moi vers 20h00, content de ma journée. J'aime les lundis !

Lösung

- [3] Il fait les courses et le ménage.
- [6] Il rentre chez lui.
- [2] Il va dans un café.
- [5] C'est l'heure de l'apéritif.
- [4] Il va à son cours.
- [1] Il va à la gym.

▶ 54 **3b Text**

Olivia : On va au cinéma ? Je voudrais voir le dernier film de Gilles Lellouche.

Adam : C'est une bonne idée ! Attends, je regarde sur ma tablette l'heure des séances... Tu peux lundi à 19h00 ?

Olivia : J'ai mon cours de natation une fois par semaine le lundi, de 18h00 à 19h15. Je ne peux pas, Adam.

Adam : D'accord. Il n'y a pas de séance le mardi. Mercredi, il y a une séance le matin à 11h00.

Olivia : Attends, je regarde mon agenda... Oh là là, non, c'est pas possible : j'ai rendez-vous chez le dentiste à 11h00.

Adam : Bon, eh bien il reste jeudi après-midi, vendredi soir et ce weekend. On va bien trouver une solution !

Olivia : Impossible pour moi ce weekend, je suis à Deauville avec Abigaël. Euh, attends... euh jeudi après-midi, j'ai un cours de cuisine à 17h00. C'est seulement une fois par mois. Euh... vendredi, je prends l'apéritif avec Diane et Louis vers 19h30.

Adam : Olivia, tu veux aller au cinéma ou pas ?

Olivia : Ben oui ! Bon, je vais annuler l'apéritif. On dit vendredi soir alors ? À quelle heure ?

Adam : 20h15. Je passe te chercher en voiture. Ciao.

Olivia : Ciao Adam, et merci pour ta patience !

3b Lösung

Agenda d'Olivia						
lundi	**mardi**	**mercredi**	**jeudi**	**vendredi**	**samedi**	**dimanche**
		dentiste 11h				
			cours de cuisine 17h		Deauville	
cours de natation 18h–19h15				apéritif 19h30		

Wann gehen sie ins Kino? Ils vont au cinéma vendredi à 20h15.

▶ 55 **3c Text und Lösung**

1. Que fait Olivia lundi ? — Elle a un cours de natation.
2. Est-ce qu'elle est libre mercredi ? — Non, elle a rendez-vous chez le dentiste.
3. Est-ce qu'elle a un cours de guitare jeudi ? — Non, elle a un cours de cuisine.
4. Est-ce qu'elle peut voir Adam ce weekend ? — Non, elle est à Deauville avec Abigaël.

E4 La semaine dernière

▶ 56 **4a Ergänzen Sie die Sätze mit den Partizipien. Dann sprechen Sie die Sätze und hören zur Kontrolle.**

bu • allées • mangé • fait • venue • habité

1. Samuel et moi avons ____________ cinq ans à Sarrebruck.
2. Mario a ____________ un gâteau pour le diner.
3. Vous avez ____________ deux verres de champagne hier soir.
4. J'ai ____________ un bon croissant ce matin.
5. La copine d'Emma est ____________ jouer aux cartes hier.
6. Elles sont ____________ au supermarché pour acheter de l'eau.

▶ 57 **4b Isaac erzählt einem Freund, was er letzte Woche gemacht hat. Hören Sie und schreiben Sie die Antworten auf.**

1. Qui est venu voir Isaac ?

   ____

2. Quelle est la première activité au programme ?

   ____

3. Où sont-ils allés mardi ?

   ____

4. Quand est-ce qu'ils ont passé une journée à la montagne ?

   ____

5. Est-ce que jeudi a été une journée fatigante ?

   ____

▶ 58 **4c Sie sind dran! Erzählen Sie mithilfe der Angaben und wie im Beispiel vom letzten Wochenende. Anschließend hören Sie die Lösung.**

Beispiel: Freitag – Friseur, Buch

▲ *Vendredi, je suis allé(e) chez le coiffeur et j'ai lu un livre.*

1. Freitag – Bad, Restaurant
2. Samstag – einkaufen, Fitnessstudio
3. Sonntag – Putzen, Schwimmbad
4. Samstag – zu Hause bleiben, Sonntag – Juliette Armanet Konzert

E4 La semaine dernière

▶ 56 4a Text und Lösung

1. Samuel et moi avons habité cinq ans à Sarrebruck.
2. Mario a fait un gâteau pour le diner.
3. Vous avez bu deux verres de champagne hier soir.
4. J'ai mangé un bon croissant ce matin.
5. La copine d'Emma est venue jouer aux cartes hier.
6. Elles sont allées au supermarché pour acheter de l'eau.

▶ 57 4b Text

Édouard : Alors, Isaac, tu as eu la visite de tes beaux-parents ? Vous avez fait quelque chose de spécial ?

Isaac : Oui, ils sont venus la semaine dernière, dimanche. On a fait beaucoup de choses ! Par exemple, lundi, on a fait une balade à vélo. C'était sympa.

Édouard : Ah oui ! Moi, lundi, j'ai travaillé. Et mardi, vous avez fait quoi ?

Isaac : Eh bien, nous sommes allés à un cours de sculpture. Mon beau-père a bien aimé.

Édouard : C'est bien. Et mercredi, alors, vous avez fait quoi ?

Isaac : On est allés passer la journée à la montagne. On a fait de la randonnée et on a piqueniqué. C'était génial !

Édouard : Vous êtes allés où ?

Isaac : À Praloup. Jeudi, nous avons mangé au restaurant. Ensuite, on est restés à la maison et on a joué aux cartes. C'était une journée tranquille et agréable.

Édouard : Ils sont restés chez vous jusqu'à quand ?

Isaac : Ils sont rentrés chez eux vendredi soir. J'ai été content de voir mes beaux-parents.

4b Lösung

1. Qui est venu voir Isaac ?

   Ses beaux-parents sont venus.

2. Quelle est la première activité au programme ?

   Ils ont fait une balade à vélo.

3. Où sont-ils allés mardi ?

   Ils sont allés à un cours de sculpture.

4. Quand est-ce qu'ils ont passé une journée à la montagne ?

   Ils ont passé une journée à la montagne mercredi.

5. Est-ce que jeudi a été une journée fatigante ?

   Non, jeudi n'a pas été une journée fatigante.

▶ 58 **4c Lösung**

1. *Vendredi, j'ai pris un bain et je suis allé(é) au restaurant.*
2. *Samedi, j'ai fait les courses et je suis allé(e) à la gym.*
3. *Dimanche, j'ai fait le ménage et je suis allé(e) à la piscine.*
4. *Samedi, je suis resté(e) à la maison. Dimanche, je suis allé(e) au concert de Juliette Armanet.*

F Faire les magasins

F1 Rouge et blanc à pois

1a So viele Muster! Können Sie die vier abgebildeten Muster richtig beschriften? Eine der Angaben bleibt übrig.

à fleurs • à carreaux • à pois • à rayures • uni

__________ __________ __________ __________

▶ 59 **1b Rosalie hat im Supermarkt einen Aushang gesehen und nun erkundigt sie sich, welche Kleider verkauft werden. Hören Sie das Telefonat und vervollständigen Sie dann die Sätze mit den vorgeschlagenen Wörtern.**

gris • orange • ~~rouge et jaune~~ • noires • rose • bleu • marron • les couleurs

1. J'ai un chemisier *rouge et jaune* à pois, et un autre __________ à fleurs.
2. J'ai des pulls unis de toutes __________ et j'ai des pulls à motifs : un __________ et blanc à rayures, et un __________ et violet à carreaux.
3. J'ai surtout des jupes __________ et __________, mais j'ai aussi une jupe __________.

▶ 60 **1c Sie sind dran! Übernehmen Sie eine Rolle (▲) in drei kurzen Einkaufsdialogen und sagen Sie mithilfe der Angaben, was Sie suchen. Hören Sie zuerst das Beispiel.**

Beispiel: Rock, rot und schwarz, kariert

▲ *Excusez-moi, je cherche une jupe rouge et noire à carreaux.*

● Euh, je n'ai pas ça. Désolé !

1. T-Shirt, blau, uni
2. Pulli, grau und weiß, gestreift
3. Bluse, grün und gelb, Blumen

F1 Rouge et blanc à pois

1a Lösung

1. à pois 2. à rayures 3. à fleurs 4. à carreaux

▶ 59 1b Text

Rosalie : Allo oui, bonjour. J'ai vu votre annonce au supermarché et je suis intéressée.

Charlotte : Oui bien sûr. Alors, j'ai beaucoup de choses à vendre parce que je déménage. J'ai des chemisiers, des pulls, des robes, des pantalons...

Rosalie : Ah, vous pouvez me dire comment sont vos chemisiers ?

Charlotte : J'ai un chemisier rouge et jaune à pois, et un autre rose à fleurs.

Rosalie : Je suis intéressée par le rose à fleurs. Et vos pulls ?

Charlotte : J'ai des pulls unis de toutes les couleurs et j'ai des pulls à motifs : un bleu et blanc à rayures, et un gris et violet à carreaux.

Rosalie : J'aime bien les motifs à rayures. Je voudrais des jupes aussi.

Charlotte : J'ai surtout des jupes noires et marron, mais j'ai aussi une jupe orange.

Rosalie : Je peux venir voir tout ça ?

Charlotte : Bien sûr. Voici mon adresse...

Lösung

1. J'ai un chemisier rouge et jaune à pois, et un autre rose à fleurs.
2. J'ai des pulls unis de toutes les couleurs et j'ai des pulls à motifs : un bleu et blanc à rayures, et un gris et violet à carreaux.
3. J'ai surtout des jupes noires et marron, mais j'ai aussi une jupe orange.

▶ 60 1c Text und Lösung

1. ▲ Excusez-moi, je cherche un T-shirt bleu uni.
   ◆ Oui, suivez-moi.

2. ▲ Excusez-moi, je cherche un pull gris et blanc à rayures.
   ● Oui, c'est au deuxième étage.

3. ▲ Excusez-moi, je cherche un chemisier vert et jaune à fleurs.
   ◆ Vous venez avec moi ? On va regarder ça ensemble.

F2 C'est du cuir

▶ 61 **2a Hören Sie die vier kurzen Dialoge und geben Sie an, in welchem Dialog die folgenden Stoffe genannt werden.**

le coton :
Dialog ______

le jean :
Dialog ______

la soie :
Dialog ______

le velours :
Dialog ______

la laine :
Dialog ______

le cuir :
Dialog ______

▶ 62 **2b Sie sind dran! Ihre Freundinnen kommen zur Kleidertauschparty. Übernehmen Sie eine Rolle im Dialog und antworten Sie wie im Beispiel mithilfe der Fotos.**

Beispiel:

■ Tu as un pantalon vert en coton ?

▲ *Non, mais j'ai un pantalon gris en jean si tu veux.*

◆ J'ai une soirée dans un restaurant demain. Tu peux m'aider ? Je sais que tu as des vêtements sympas. Et est-ce que tu as une jupe noire en cuir ?

▲ ______________________________

● Euh moi, je voudrais un pull orange en laine pour aller au concert de Julien Doré. Tu as ça ?

▲ ______________________________

◆ Est-ce que tu as un chemisier bleu en soie dans ton armoire ?

▲ ______________________________

●/◆ Merci !

F2 C'est du cuir

▶ 61 **2a Text**

Dialog 1

■ Eh dis donc, elle est jolie ta veste. C'est du cuir ?

● Non, c'est du synthétique. J'ai payé 49 euros, tu sais...

■ C'est sûr, à ce prix... Mais c'est une très bonne imitation ! Et c'est parfait avec ton chemisier en soie.

Dialog 2

▲ J'aime beaucoup ton pull. Il est vraiment beau ! Il est en laine n'est-ce pas ?

◆ Oui, c'est du mohair. C'est doux, hein ?

▲ Oui. Il a couté cher ?

◆ Un peu. J'ai payé 150 euros, je crois, mais c'est de la qualité !

Dialog 3

■ Regarde ce magasin ! J'aime bien le pantalon marron. Là, tu vois ?

● Oui, oui, je vois. Il est en velours, je crois. J'aime bien aussi.

■ On entre pour essayer ?

● On y va !

Dialog 4

● Oh là là, je ne sais pas quoi mettre demain pour mon rendez-vous.

◆ Alors, je te conseille de porter cette jupe en jean avec ton top jaune en coton.

● Tu crois ? Je vais essayer.

Lösung

le coton : Dialog 4

la soie : Dialog 1

la laine : Dialog 2

le jean : Dialog 4

le velours : Dialog 3

le cuir : Dialog 1

▶ 62 **2b Text und Lösung**

◆ J'ai une soirée dans un restaurant demain. Tu peux m'aider ? Je sais que tu as des vêtements sympas. Est-ce que tu as une jupe noire en cuir ?

▲ Non, mais j'ai une jupe marron si tu veux.

● Euh moi, je voudrais un pull orange en laine pour aller au concert de Julien Doré. Tu as ça ?

▲ Oui, j'ai un pull orange en laine.

◆ Est-ce que tu as un chemisier bleu en soie dans ton armoire ?

▲ Non, mais j'ai un chemisier vert en soie si tu veux.

●/◆ Merci !

F3 Question de style

▶ 63 **3a Gabin packt seine Reisetasche. Hören Sie und kreuzen Sie an, was Gabin in Paris macht.**

☐ Urlaub ☐ Geschäftsreise ☐ Praktikum

▶ 63 **3b Hören Sie den Dialog noch einmal und kreuzen Sie an, welche Kleidungsstücke Gabin einpackt.**

☐ manteau ☐ pantalon ☐ baskets
☐ costume ☐ T-shirt ☐ robe
☐ chemise ☐ chaussettes ☐ pull
☐ chaussures en cuir ☐ tailleur ☐ pyjama

Einige Kleidungsstücke werden nicht im Dialog genannt. Welche?

____

▶ 64 **3c Valentine (◆) möchte ein neues Kleid kaufen. Hören Sie und bringen Sie den Dialog in die richtige Reihenfolge.**

1 ◆ Bonjour. Je cherche une robe pour une soirée barbecue.
___ ◆ Je vais la prendre. Je voudrais payer, s'il vous plait.
___ ● Alors, j'ai cette robe noire en soie. J'ai aussi cette robe longue en vert et en blanc.
___ ◆ Oui, j'aime bien. Combien elle coute ?
___ ◆ C'est joli. Je vais essayer la verte.
___ ● Oui, venez avec moi. Quelle est votre taille ?
___ ● Elle coute 139 euros.
___ ● Les cabines d'essayage sont ici. (...)
___ ◆ M, normalement.
10 ● Bien sûr. Venez avec moi, la caisse est au bout du magasin.

F

▶ 64 **3d Hören Sie den Dialog noch einmal und kreuzen Sie an, ob die Aussagen richtig (vrai) oder falsch (faux) sind.**

	vrai	faux
1. Valentine veut acheter une robe pour un anniversaire.	☐	☐
2. Valentine fait du M.	☐	☐
3. La première robe est en soie.	☐	☐
4. La vendeuse montre deux modèles à Valentine.	☐	☐
5. Valentine prend la robe noire en soie.	☐	☐

▶ 65 **3e Sie sind dran! Antworten Sie der Verkäuferin mithilfe der Angaben auf Deutsch und übernehmen Sie die Rolle ▲.**

● Bonjour, je peux vous aider ?

Ich suche ein Kleid für einen Geburtstag. ▲ ______________________________

____

● Venez avec moi. Quelle est votre taille ?

Größe 38. ▲ ______________________________

● J'ai cette robe courte en coton, noire à pois blancs ou cette robe longue bleue à fleurs. Elle est en soie.

Ich möchte das lange Kleid anprobieren. ▲ ______________________________

____

● Vous venez ? Les cabines sont là-bas. (...) Vous êtes vraiment superbe ! Ce bleu est très beau sur vous.

Danke, wie viel kostet es? ▲ ______________________________

● Elle coute 80 euros.

Okay. Ich möchte jetzt bezahlen. ▲ ______________________________

____

● Vous avez fait un bon choix ! Les caisses sont à droite après les cravates.

F3 Question de style

▶ 63 3a/b Text

Gabin : Je dois finir ma valise ce soir. Alors, il faut prendre quatre pulls, quatre chemises et quatre pantalons. Ensuite, j'ai mes trois pyjamas ici, mon costume là… Oh là là, mes vêtements ne vont jamais entrer dans cette valise ! Victoria ?

Victoria : Oui, Gabin ? Oh, mais tu prends beaucoup de choses pour ton voyage d'affaires à Paris. Tu es stressé ? Je vais t'aider.

Gabin : Oui, s'il te plait. Attends, j'ai oublié mes T-shirts.

Victoria : Ah non. Tu as trop de vêtements. Regarde ! Tu n'as pas besoin de trois pyjamas. Et quatre chemises ou quatre pantalons, c'est trop ! Tu pars seulement trois jours…

Gabin : C'est vrai.

Victoria : Ensuite, tu vas porter tes baskets pendant le voyage en train, donc tu mets juste les chaussures en cuir dans la valise.

Gabin : Voilà… Je range les autres vêtements… Ah, je peux fermer ma valise ! Merci, Victoria !

Lösung

☒ Geschäftsreise

pantalon, baskets, chaussures en cuir, costume, T-shirt, chemise, pull, pyjama

Einige Kleidungsstücke werden nicht im Dialog genannt. Welche?

manteau, tailleur, chaussettes et robe

▶ 64 3c Text und Lösung

1 ◆ Bonjour. Je cherche une robe pour une soirée barbecue.

2 ● Oui, venez avec moi. Quelle est votre taille ?

3 ◆ M, normalement.

4 ● Alors, j'ai cette robe noire en soie. J'ai aussi cette robe longue en vert et en blanc.

5 ◆ C'est joli. Je vais essayer la verte.

6 ● Les cabines d'essayage sont ici. (…)

7 ◆ Oui, j'aime bien. Combien elle coute ?

8 ● Elle coute 139 euros.

9 ◆ Je vais la prendre. Je voudrais payer, s'il vous plait.

10 ● Bien sûr. Venez avec moi, la caisse est au bout du magasin.

▶ 64 3d Lösung

	vrai	faux	
1. Valentine veut acheter une robe pour un anniversaire.	☐	☒	une soirée barbecue
2. Valentine fait du M.	☒	☐	
3. La première robe est en soie.	☒	☐	
4. La vendeuse montre deux modèles à Valentine.	☒	☐	
5. Valentine prend la robe noire en soie.	☐	☒	la robe longue et verte

▶ 65 3e Text und Lösung

- ● Bonjour, je peux vous aider ?
- ▲ *Je cherche une robe pour un anniversaire.*
- ● Venez avec moi. Quelle est votre taille ?
- ▲ *Trente-huit.*
- ● J'ai cette robe courte en coton, noire à pois blancs ou cette robe longue bleue à fleurs. Elle est en soie.
- ▲ *Je voudrais essayer la robe longue.*
- ● Vous venez ? Les cabines sont là-bas. (...) Vous êtes vraiment superbe ! Ce bleu est très beau sur vous.
- ▲ *Merci. Combien elle coute ?*
- ● Elle coute 80 euros.
- ▲ *D'accord. Je voudrais payer maintenant.*
- ● Vous avez fait un bon choix ! Les caisses sont à droite après les cravates.

G Faire ses courses

G1 Qu'est-ce qu'on mange ce soir ?

▶ 66 **1a Ava und ihre Tochter Lola bekommen Besuch und machen eine Einkaufsliste. Was wollen die beiden für ihre Gäste kochen?**

Elles vont faire ____________________

▶ 66 **1b Hören Sie den Dialog noch einmal und wählen Sie jeweils das Produkt zur angegebenen Verpackung, das im Dialog erwähnt wird.**

1. un paquet de
   - ☐ champignons
   - ☐ sucre

4. un pot de
   - ☐ salade
   - ☐ sauce tomate

2. une boite de/d'
   - ☐ olives noires
   - ☐ fraises

5. une bouteille de/d'
   - ☐ œufs
   - ☐ vin

3. une barquette de
   - ☐ jambon
   - ☐ lait

▶ 67 **1c Sie sind dran! Helfen Sie in den Dialogen beim Erstellen einer Einkaufsliste und übernehmen Sie die Rolle ▲. Denken Sie auch daran, jeweils die Verpackung mit zu nennen. Hören Sie zuerst das Beispiel.**

Beispiel: sauce tomate, jambon

■ J'aimerais faire une pizza.

▲ *Pour la pizza, il faut acheter un pot de sauce tomate et une barquette de jambon.*

1. concentré de tomates, vin

   ■ Aujourd'hui, c'est l'anniversaire de Chloé. Je voudrais cuisiner un bon ragout de bœuf. Tu peux m'aider ?

   ▲ ______________________________

   ____

2. farine, œufs

   ● Qu'est-ce que je dois acheter pour faire des crêpes ?

   ▲ ______________________________

   ____

3. crème, sucre

   ■ Mes parents viennent diner ce soir. Je voudrais faire une tarte aux pommes. J'ai déjà la pâte et les pommes, mais après je ne sais pas quoi acheter.

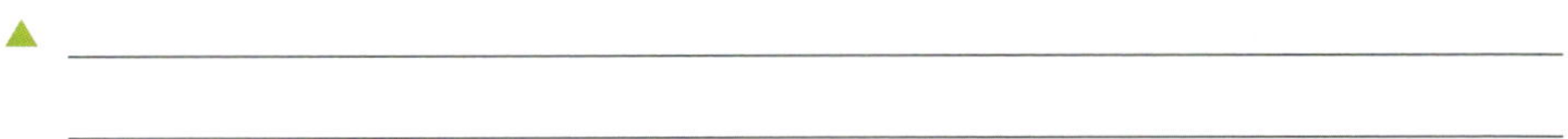

G1 Qu'est-ce qu'on mange ce soir ?

▶ 66 1a Text

Lola : Alors, Maman, qu'est-ce qu'on mange ce soir ? J'écris la liste des courses.

Ava : Ton oncle et ta tante viennent, tu sais. Je vais faire une pizza et une salade. Il faut un pot de sauce tomate, une barquette de jambon et une boite d'olives noires.

Lola : D'accord. Donc, tu as dit un pot de sauce tomate, une barquette de jambon et une boite d'olives noires. Et pour le dessert, tu vas faire quoi ?

Ava : Une bonne tarte aux fraises. J'ai la pâte et les fraises, alors il faut juste une boite d'œufs et une brique de lait pour faire la crème.

Lola : Et un paquet de sucre ? Il faut aussi une bouteille de vin, Maman.

Ava : Oui, s'il te plait, Lola. On a fini, je crois. On y va ?

Lösung

Elles vont faire une pizza, une salade et une tarte aux fraises.

▶ 66 1b Lösung

1. un paquet de sucre
2. une boite d'olives noires
3. une barquette de jambon
4. un pot de sauce tomate
5. une bouteille de vin

▶ 67 1c Text und Lösung

1. ■ Aujourd'hui, c'est l'anniversaire de Chloé. Je voudrais cuisiner un bon ragout de bœuf. Tu peux m'aider ?

   ▲ Oui. Pour le ragout de bœuf, il faut acheter une boite de concentré de tomates et une bouteille de vin.

2. ● Qu'est-ce que je dois acheter pour faire des crêpes ?

   ▲ Pour les crêpes, il faut acheter un paquet de farine et une boite d'œufs.

3. ■ Mes parents viennent diner ce soir. Je voudrais faire une tarte aux pommes. J'ai déjà la pâte et les pommes, mais après je ne sais pas quoi acheter.

   ▲ Pour la tarte aux pommes, il faut acheter un pot de crème et un paquet de sucre.

G2 Excusez-moi, je cherche le sel

▶ 68 **2a Arthur und Giulia kaufen im Supermarkt ein. Nach welchem Produkt fragt Arthur den Angestellten?**

Arthur fragt nach:

____

▶ 68 **2b Hören Sie den Dialog noch einmal und ordnen Sie die Produkte, die Arthur und Giulia kaufen, den Regalen zu.**

rayons	produits
fruits et légumes	*citrons bio*
boucherie / charcuterie	
poissonnerie	
pains et pâtisseries	
crèmerie	
épicerie	

▶ 69 **2c Sie sind dran! Übernehmen Sie die Rolle ▲ und fragen Sie in vier Dialogen nach den auf Deutsch angegebenen Produkten. Hören Sie zuerst das Beispiel.**

Beispiel: Salz

▲ *Excusez-moi, je cherche le sel.*

■ C'est là, au rayon épicerie. Vous voyez ?

1. Schinken
2. Joghurt und Käse
3. Kaffee
4. Orangensaft

G2 Excusez-moi, je cherche le sel

▶ 68 2a/b Text

Arthur : Alors, qu'est-ce qu'il faut acheter ? Des citrons bio, c'est ça ?

Giulia : Oui, Arthur. Il faut aussi une salade verte, s'il te plait. Moi, je vais prendre du poisson blanc. J'arrive. (...) Voilà !

Arthur : Euh, on va au rayon crèmerie ? On n'a plus de beurre.

Giulia : D'accord. Hmmm, regarde ces macarons ! C'est notre dessert pour ce soir, et je prends deux baguettes. Oh, il faut aussi acheter un beau poulet.

Arthur : Oui, c'est vrai. Giulia, je voudrais du foie gras.

Giulia : Bien sûr, mon amour ! Tu prends ton foie gras et le poulet, et je vais au rayon épicerie pour le chocolat.

Arthur : D'accord (...) Euh, excusez-moi, je cherche le foie gras.

Employé : Le rayon charcuterie est juste derrière. Le foie gras est au milieu du rayon.

Arthur : Merci. (...) Bon, j'ai le foie gras et le poulet. On peut aller à la caisse, Giulia.

Lösung

Arthur fragt nach: *du foie gras*

rayons	produits
fruits et légumes	*citrons bio, salade verte*
boucherie / charcuterie	*poulet, foie gras*
poissonnerie	*poisson blanc*
pains et pâtisseries	*baguettes, macarons*
crèmerie	*beurre*
épicerie	*chocolat*

▶ 69 2c Text und Lösung

1. ▲ *Excusez-moi, je cherche le jambon.*
   ● C'est au rayon charcuterie, juste derrière.

2. ▲ *Excusez-moi, je cherche les yaourts et le fromage.*
   ■ C'est là, au rayon crèmerie. Je viens avec vous.

3. ▲ *Excusez-moi, je cherche le café.*
   ● C'est à côté, au rayon épicerie. Vous voyez ?

4. ▲ *Excusez-moi, je cherche le jus d'orange.*
   ■ C'est au bout du magasin, au rayon boissons. Vous venez ?

G3 Ce sera tout, merci

▶ 70 **3a Wie jeden Sommer macht Markus Urlaub in der Provence und kauft auf dem Markt ein. Hören Sie den Dialog. Hören Sie ihn dann nochmals und ergänzen Sie die Lücken.**

un demi-kilo de • ça fait combien • autre chose• c'est à moi • pas cher • je vous sers • combien coutent • je voudrais

Denis : Alors, c'est à qui ?

Markus : ____________________, je crois.

Denis : Ah ! Bonjour Markus. Vous êtes arrivé ! Alors, qu'est-ce que ____________________ ?

Markus : Bonjour Denis. Oui, je suis arrivé hier. ____________________ un kilo de tomates… et ____________________ courgettes.

Denis : Et avec ça ?

Markus : Je vais prendre un beau melon jaune et euh… ____________________, les abricots ?

Denis : 2,95 € le kilo. Ils sont beaux et gros mes abricots.

Markus : Ce n'est ____________________. Donnez-moi deux kilos, s'il vous plait.

Denis : Voilà. ____________________ ?

Markus : Non, merci. ____________________ ?

Denis : Ça fait 15 €, s'il vous plait.

▶ 71 **3b Markus kauft weiter ein. Hören Sie den Dialog und ergänzen Sie dann, welche Ausdrücke man in den folgenden Situationen verwendet.**

1. Sie möchten …: ____________________
2. Sie fragen, wie viel etwas kostet: ____________________
3. Sie möchten nichts mehr kaufen: ____________________
4. Sie fragen, wie viel Sie bezahlen müssen: ____________________

▶ 72 **3c Sie sind dran! Sie gehen mit folgender Liste in ein Lebensmittelgeschäft. Übernehmen Sie die Rolle ▲ im Dialog und kaufen Sie ein. Die deutschen Wendungen helfen Ihnen!**

vier Scheiben Rohschinken
eine Pastete (Preis?)
halbes Kilo Erdbeeren

	■ C'est à qui ?
Ich, glaube ich.	▲ ______________________
	■ Qu'est-ce que je vous sers ?
Ich möchte …	▲ ______________________
	■ Oui, et avec ça ?
Wie viel kostet …?	▲ ______________________
	■ 4,50 €.
Ich nehme (Menge)	▲ ______________________
	■ Autre chose ?
Ich nehme …	______________________
	■ Et avec ça ?
Das ist alles. Wie viel macht das?	▲ ______________________ ______________________
	■ Au total, ça fait 11,60 €.
Hier, bitte.	▲ ______________________
	■ Merci à vous et bonne journée.

G3 Ce sera tout, merci

▶ 70 3a Text und Lösung

Denis : Alors, c'est à qui ?

Markus : C'est à moi, je crois.

Denis : Ah ! Bonjour Markus. Vous êtes arrivé ! Alors, qu'est-ce que je vous sers ?

Markus : Bonjour Denis. Oui, je suis arrivé hier. Je voudrais un kilo de tomates... et un demi-kilo de courgettes.

Denis : Et avec ça ?

Markus : Je vais prendre un beau melon jaune et euh... combien coutent les abricots ?

Denis : 2,95 € le kilo. Ils sont beaux et gros mes abricots.

Markus : Ce n'est pas cher. Donnez-moi deux kilos, s'il vous plait.

Denis : Voilà. Autre chose ?

Markus : Non, merci. Ça fait combien ?

Denis : Ça fait 15 €, s'il vous plait.

▶ 71 3b Text

Marchande : Monsieur bonjour !

Markus : Bonjour. Je voudrais du jambon de Parme.

Marchande : Combien ?

Markus : Huit tranches, s'il vous plait. Et combien coute le pâté, là, à droite ?

Marchande : Il coute 7,50 €.

Markus : Je voudrais deux pâtés, s'il vous plait.

Marchande : Voilà. Vous désirez autre chose, monsieur ?

Markus : Ce sera tout, merci. Ça fait combien au total ?

Marchande : Au total, ça fait 18,50 €.

Markus : Voilà, merci.

Marchande : Au revoir monsieur, et bonne journée.

3b Lösung

1. Sie möchten ...: *Je voudrais...*
2. Sie fragen, wie viel etwas kostet: *Combien coute... ?*
3. Sie möchten nichts mehr kaufen: *Ce sera tout, merci.*
4. Sie fragen, wie viel Sie bezahlen müssen: *Ça fait combien au total ?*

▶ 72 3c Text und Lösung

■ C'est à qui ?

▲ *C'est à moi, je crois.*

■ Qu'est-ce que je vous sers ?

▲ *Je voudrais quatre tranches de jambon cru, s'il vous plait.*

■ Oui, et avec ça ?

▲ *Combien coute le pâté ?*

■ 4,50 €.

▲ *Je prends un pâté, s'il vous plait.*

■ Autre chose ?

▲ *Je vais prendre un demi-kilo de fraises, s'il vous plait.*

■ Et avec ça ?

▲ *Ce sera tout, merci. Ça fait combien au total ?*

■ Au total, ça fait 11,60 €.

▲ *Voilà, merci.*

■ Merci à vous et bonne journée.

H Au restaurant

H1 Une eau minérale, s'il vous plait

▶ 73 **1a Zwei Kellner decken im Restaurant die Tische. Hören Sie und listen Sie alle Dinge aus der Wortschlange auf, die sie auf den Tisch legen.**

arvinfourchettesmaverresjetuserviettesilenappesterre

chaiseassiettescuillèreshorlogefleursoucouteauxmes

Sur la table, les serveurs mettent : ______________________________

____

▶ 74 **1b Pascal und Lucie gehen im Restaurant Essen. Hören Sie den Dialog und kreuzen Sie an, wer von beiden seine Brille vergessen hat.**

☐ Lucie ☐ Pascal

▶ 74 **1c Hören Sie den Dialog noch einmal und kreuzen Sie an, welche Aussagen richtig und welche falsch sind.**

	vrai	faux
1. Pascal et Lucie déjeunent sur la terrasse.	☐	☐
2. Ils commandent le menu à 25,90 €.	☐	☐
3. Pascal et Lucie veulent la même entrée.	☐	☐
4. Ils vont prendre le plat du jour comme plat principal.	☐	☐
5. Ils prennent une bouteille de vin rouge.	☐	☐
6. Lucie voudrait un café et une tarte Tatin.	☐	☐

▶ 75 **1d Lesen Sie die Sätze und notieren Sie, wer spricht: ein Kunde (C = client) oder ein Kellner (S = serveur)? Hören Sie dann und sprechen Sie nach.**

1. Vous préférez manger sur notre terrasse ou à l'intérieur ? S
2. Je paie en liquide. ___
3. Je vais prendre le bœuf bourguignon. ___
4. Voici la carte. ___
5. L'addition, s'il vous plait. ___
6. Une bouteille de Chardonnay, ce sera parfait. ___
7. Vous avez choisi ? ___
8. Un jus d'ananas, s'il vous plait. ___
9. Nous avons un gâteau au chocolat et des tartes aux fruits. ___

▶ 76 **1e Sie sind dran! Übernehmen Sie eine Rolle im Dialog und antworten Sie dem Kellner mithilfe der Stichwörter.**

	■ Voici la carte. Nous avons aussi un menu à 18,90 €. Je reviens (...) Vous avez choisi ?
Vorspeisen: Parmaschinken und Melone	▲ ___
	■ Très bien. Et comme plat principal ?
Weißfisch und Reis mit Zucchini	▲ ___
	■ Vous désirez boire quelque chose ?
ein Glas Weißwein	▲ ___
	■ Vous allez prendre un dessert ? Une glace ? Une tarte peut-être ?
ein Stück Erdbeertorte und die Rechnung, bitte	▲ ___
	■ Alors, le menu et le vin, ça fait 25,90 €. Vous payez comment ?
Barzahlung	▲ ___

H1 Une eau minérale, s'il vous plait

▶ 73 **1a Text und Lösung**

Stéphane : Tu viens, Bruno ? On va préparer cette table.

Bruno : Oui, je prends les nappes et les serviettes. Tu m'aides ?

Stéphane : Bien sûr. Alors, cette table, c'est pour quatre personnes. Tu as les couverts ?

Bruno : Ils sont là, Stéphane : j'ai quatre couteaux, quatre cuillères... Mince, j'ai oublié les fourchettes ! J'arrive tout de suite.

Stéphane : Super, merci. Est-ce que tu peux prendre les assiettes aussi, s'il te plait ? Je vais chercher les verres. (...) Voilà.

Bruno : Bon, eh bien, on a fini ici. On fait la suivante ? C'est une table pour six.

Stéphane : Tu es sûr que la table est complète ? Il faut mettre des fleurs.

Sur la table, les serveurs mettent : une nappe, des serviettes, des couteaux, des cuillères, des fourchettes, des assiettes, des verres et des fleurs.

▶ 74 **1b/c Text**

Le serveur : Bonjour madame. Bonjour monsieur. Vous préférez manger sur notre terrasse ou à l'intérieur ?

Pascal : Euh... À l'intérieur, s'il vous plait. (...)

Le serveur : Voici la carte. Je reviens.

Lucie : Il y a un menu à 25,90 €. Qu'est-ce que tu prends comme entrée ?

Pascal : J'ai laissé mes lunettes à l'hôtel. Tu peux me lire la carte ?

Lucie : Alors, Pascal, il y a une soupe de carottes, du foie gras, une salade...

Pascal : Je vais prendre le foie gras. Et toi ?

Lucie : Moi, la salade. Et comme plat principal, il y a du poulet, du poisson, du bœuf... Je voudrais du bœuf grillé. C'est le plat du jour.

Pascal : Moi aussi, je vais prendre le bœuf grillé.

Le serveur : Vous avez choisi ?

Pascal : Oui, alors un foie gras, une salade, et deux bœufs grillés.

Le serveur : Vous désirez boire quelque chose ? De l'eau, du vin ?

Pascal : Qu'est-ce que tu veux boire, Lucie ? Une bouteille de rouge ?

Lucie : Non, on doit visiter la ville après. Une eau minérale, s'il vous plait.

Le serveur : Bien sûr. (...) Vous désirez un dessert ? Nous avons des tartes au citron...

Lucie : Nous devons partir. L'addition, s'il vous plait.

1b/c Lösung

☒ Pascal

1. faux *Ils déjeunent à l'intérieur.*
2. vrai
3. faux *Lucie : une salade, Pascal : du foie gras*
4. vrai
5. faux *Ils prennent une eau minérale.*
6. faux *Elle veut l'addition.*

▶ 75 **1d Text und Lösung**

1. Vous préférez manger sur notre terrasse ou à l'intérieur ? *S*
2. Je paie en liquide. *C*
3. Je vais prendre le bœuf bourguignon. *C*
4. Voici la carte. *S*
5. L'addition, s'il vous plait. *C*
6. Une bouteille de Chardonnay, ce sera parfait. *C*
7. Vous avez choisi ? *S*
8. Un jus d'ananas, s'il vous plait. *C*
9. Nous avons un gâteau au chocolat et des tartes aux fruits. *S*

▶ 76 **1e Text und Lösung**

■ Bonjour. Voici la carte. Nous avons aussi un menu à 18,90 €. Je reviens (...) Vous avez choisi ?

▲ *Oui. Comme entrée, je vais prendre le jambon de Parme et le melon.*

■ Très bien. Et comme plat principal ?

▲ *Je vais prendre le poisson blanc et le riz avec les courgettes.*

■ Vous désirez boire quelque chose ?

▲ *Un verre de vin blanc, s'il vous plait.*

■ Vous allez prendre un dessert ? Une glace ? Une tarte peut-être ?

▲ *Je vais prendre une tarte aux fraises. Et l'addition, s'il vous plait.*

■ Alors, le menu et le vin, ça fait 25,90 €. Vous payez comment ?

▲ *En liquide.*

H2 C'est quoi la soupe au pistou ?

2a Kennen Sie diese Spezialitäten aus Frankreich? Beschriften Sie die Fotos.

une salade de chèvre chaud • un éclair au chocolat • une quiche lorraine • une ratatouille • une soupe au pistou • une tarte au citron

1. ______________________

3. ______________________

5. ______________________

2. ______________________

4. ______________________

6. ______________________

▶ 77 **2b Hören Sie die drei Dialoge und kreuzen Sie jeweils die richtige Beschreibung an.**

1. Une soupe au pistou, c'est
   a. ☐ une soupe de légumes simple.
   b. ☐ une soupe de légumes avec du basilic, de l'ail, du parmesan et de la tomate.
   c. ☐ une soupe de légumes avec de la tomate et du basilic.

2. Une daube de bœuf, c'est
   a. ☐ du bœuf avec une sauce au vin.
   b. ☐ du bœuf avec une sauce au vin et des carottes.
   c. ☐ du bœuf grillé servi avec un verre de vin.

3. Une blanquette de veau, c'est
   a. ☐ du veau avec du riz à la crème.
   b. ☐ du veau avec une salade de carottes.
   c. ☐ du veau avec une sauce au vin blanc et à la crème, des carottes et des champignons.

▶ 78 **2c Sie sind dran! Hören Sie und sprechen Sie die Sätze nach.**

H2 C'est quoi la soupe au pistou ?

2a Lösung

1. une quiche lorraine
2. une ratatouille
3. une tarte au citron
4. une soupe au pistou
5. une salade de chèvre chaud
6. un éclair au chocolat

▶ 77 2b Text

Dialog 1

- ● Euh, c'est quoi la soupe au pistou ?
- ■ C'est une soupe de légumes. Dans l'eau de la soupe, on met aussi de la tomate et du pesto fait avec de l'ail, du parmesan et du basilic. C'est délicieux !
- ● Alors, une soupe au pistou, s'il vous plait.

Dialog 2

- ▲ Comme plat principal ?
- ◆ Je ne connais pas la daube de bœuf. Qu'est-ce que c'est ?
- ▲ C'est de la viande rouge avec une excellente sauce au vin rouge aussi. Il y a des carottes dans ce plat.
- ◆ Je vais essayer la daube de bœuf avec du riz, s'il vous plait.

Dialog 3

- ■ Vous désirez autre chose, madame ?
- ◆ J'ai une question : qu'est-ce qu'il y a dans la blanquette ?
- ■ Il y a du veau avec une sauce au vin blanc et à la crème. On met aussi des champignons blancs et des carottes.
- ◆ Ah ! Je préfère prendre un poisson. Je n'aime pas les champignons.

Lösung

1. b 2. b 3. c

▶ 78 2c Text

1. Excusez-moi, c'est quoi la bouillabaisse ?
2. Je ne connais pas la tarte Tatin. Qu'est-ce que c'est ?
3. J'ai une question : qu'est-ce qu'il y a dans la choucroute ?
4. Alors, une bouillabaisse, s'il vous plait.
5. Je vais essayer l'éclair au chocolat.
6. Ah ! Je préfère prendre une salade. Je n'aime pas le chou.

H3 C'est pas possible !

▶ 79 **3a Welcher Dialog beschreibt welches Problem im Restaurant? Hören Sie und ordnen Sie zu.**

a. Le plat est froid.

Dialog _____

b. Le couteau est sale.

Dialog _____

c. Il y a une erreur dans la commande.

Dialog _____

d. La viande n'est pas cuite.

Dialog _____

▶ 79 **3b Hören Sie die ersten beiden Dialoge aus Übung 3a noch einmal und ergänzen Sie die Lücken.**

1. ● Et voici la daube de bœuf.
   ■ Excusez-moi ! Je n'ai pas ________________.
   ● Je suis désolée, monsieur. Vous avez commandé quoi ?
   ■ La bouillabaisse.
   ● Je vous apporte ça ________________. Encore désolée, monsieur !

2. ◆ Oui, madame ?
   ▲ Le cassoulet ________________. Je ne peux pas ________________.
   ◆ Oh ! Désolé, madame. Je reviens avec un cassoulet ________________.

▶ 80 **3c Sie sind dran! Reklamieren Sie wie im Beispiel.**

Beispiel: Sie haben dieses Gericht nicht bestellt.

▲ *Excusez-moi ! Je n'ai pas commandé ce plat.*

■ Ah, oui ! Je suis désolé. Je vous apporte votre plat immédiatement.

1. Ihr Glas ist schmutzig.
2. Es gibt ein Insekt in Ihrer Pistou Suppe.
3 Es gibt einen Fehler auf Ihrer Rechnung.

H3 C'est pas possible !

▶ 79 **3a/b Text und Lösung**

Dialog 1

La serveuse : Et voici la daube de bœuf.

Le client : Excusez-moi ! Je n'ai pas commandé ce plat.

La serveuse : Je suis désolée, monsieur. Vous avez commandé quoi ?

Le client : La bouillabaisse.

La serveuse : Je vous apporte ça tout de suite. Encore désolée, monsieur !

Dialog 2

Le serveur : Oui, madame ?

La cliente : Le cassoulet est froid. Je ne peux pas manger ça.

Le serveur : Oh ! Désolé, madame. Je reviens avec un cassoulet bien chaud.

Dialog 3

Le client : Mais c'est pas possible ! Madame, excusez-moi !

La serveuse : Que se passe-t-il, monsieur ?

Le client : J'ai commandé une viande bien cuite. Regardez, ce n'est pas cuit ça.

La serveuse : Je suis désolée, monsieur. Je corrige tout de suite, et je vous apporte un verre de vin gratuit.

Dialog 4

La cliente : Est-ce que je pourrais avoir un couteau, s'il vous plait ?

La serveuse : Mais vous avez déjà un couteau. Il est là, regardez.

La cliente : Oui, j'ai déjà un couteau, mais il est sale. Je voudrais un autre couteau.

La serveuse : Désolée. Je vous apporte un couteau propre tout de suite, madame.

a. Dialog 2 b. Dialog 4 c. Dialog 1 d. Dialog 3

▶ 80 **3c Text und Lösung**

1. ▲ Excusez-moi ! Mon verre est sale.
   ■ Je vous apporte un verre propre immédiatement. Désolé !
2. ▲ Excusez-moi ! Il y a un insecte dans ma soupe au pistou.
   ● Je suis désolé. Je vous apporte une autre soupe et un verre de vin gratuit.
3. ▲ Excusez-moi ! Il y a une erreur dans l'addition.
   ◆ Oui, c'est vrai. Désolée ! Je corrige ça tout de suite.

I Partir en vacances

I1 Il y a du soleil à Nice

▶ 81 **1a Hören Sie und vervollständigen Sie die Wettervorhersage.**

~~il pleut~~ • il fait beau • il fait froid • il y a du soleil • il y a du vent • il y a des nuages • il va pleuvoir • il fait chaud

Aujourd'hui, il pleut et ________________ en Bretagne. ________________ à Paris et à Lyon. ________________ à Strasbourg et dans tout le Nord-Est le matin, mais le temps va changer. ________________ dans l'après-midi. Dans le Sud-Est, ________________, mais ________________ dans la région de Marseille. ________________ à Bordeaux et à Toulouse.

▶ 82 **1b Vier Freunde reden darüber, in welcher Jahreszeit sie am liebsten Urlaub machen. Welcher Sprecher möchte in welcher Jahreszeit Urlaub machen?**

au printemps • en été • en automne • en hiver

1. ________________
2. ________________
3. ________________
4. ________________

▶ 83 **1c Und jetzt Sie! Übernehmen Sie eine Rolle in drei Kurzdialogen und beschreiben Sie mithilfe der Symbole, wie das Wetter an den genannten Orten ist.**

1. ■ Quel temps fait-il à Nice aujourd'hui ?
2. ● Tu sais quel temps il fait à Nantes ? Je fais une conférence là-bas demain.

3. ◆ Quel temps il fait à Grenoble ? Je voudrais visiter la ville ce weekend.

I1 Il y a du soleil à Nice

▶ 81 1a Text und Lösung

Aujourd'hui, il pleut et il fait froid en Bretagne. Il y a des nuages à Paris et à Lyon. Il fait beau à Strasbourg et dans tout le Nord-Est le matin, mais le temps va changer. Il va pleuvoir dans l'après-midi. Dans le Sud-Est, il y a du soleil, mais il y a du vent dans la région de Marseille. Il fait chaud à Bordeaux et à Toulouse.

▶ 82 1b Text

1. ■ Moi, j'aime bien partir en vacances à Noël. Il fait froid, c'est vrai, mais on peut skier et bien s'amuser dans la neige.
2. ● Ah oui ? Je préfère quand il fait juste un peu frais. C'est plus agréable pour visiter les endroits. Quand il pleut, je vais dans un musée. Et puis, à cette période de l'année, les arbres ont des couleurs magnifiques !
3. ▲ C'est sûr, mais moi j'adore quand il fait beau et chaud. Je vais à la plage et je pratique un sport extraordinaire : le farniente, c'est-à-dire que je ne fais rien.
4. ◆ Je déteste avoir chaud, moi. Il fait beau et doux au mois de mai. Généralement, je choisis cette période de l'année pour partir en vacances.

Lösung

1. en hiver
2. en automne
3. en été
4. au printemps

▶ 83 1c Text und Lösung

1. ■ Quel temps fait-il à Nice aujourd'hui ?
   ▲ Il y a du soleil.
2. ● Tu sais quel temps il fait à Nantes ? Je fais une conférence là-bas demain.
   ▲ Il y a des nuages et il pleut.
3. ◆ Quel temps il fait à Grenoble ? Je voudrais visiter la ville ce weekend.
   ▲ Il fait froid.

I2 En Espagne ou au Danemark ?

▶ 84 **2a Valeria und Gaspard überlegen, wohin sie reisen möchten. Welche Aussagen zum Dialog sind richtig? Hören Sie und kreuzen Sie an.**

	vrai	faux
1. Valeria veut partir sur la Costa Brava.	☐	☐
2. Gaspard est allé quelques fois en Espagne.	☐	☐
3. Valeria a trouvé un hôtel pour une semaine, en juillet.	☐	☐
4. Elle aime l'idée de partir en vacances au Danemark.	☐	☐
5. Gaspard et Valeria vont partir dans les Landes, en France.	☐	☐

▶ 85 **2b Hören Sie ▶ 84 noch einmal und vervollständigen Sie die Sätze. Dann kontrollieren Sie die Lösung ▶ 85 und sprechen Sie nach.**

1. Valeria veut partir ______________ cet été.
2. Gaspard est allé quelques fois ______________ .
3. Valeria est un peu triste de ne pas aller ______________ .
4. Mais Gaspard propose de partir ______________ .

▶ 86 **2c Sie sind dran! Sie wollen ein Hotelzimmer reservieren. Antworten Sie jeweils mithilfe des angegebenen Stichworts.**

Beispiel: pour deux

■ Quel type de chambre désirez-vous ?

▲ *Je voudrais une chambre pour deux personnes, s'il vous plait.*

1. combien
2. quatre nuits
3. non merci, taxi

I

12 En Espagne ou au Danemark ?

▶ 84 2a Text und Lösung

Valeria : Moi, je voudrais bien partir en Espagne cet été. La Costa del Sol, c'est chouette, non ?

Gaspard : Oui, mais je connais l'Espagne. Je suis allé quelques fois à Malaga. C'est un endroit sympa, mais il y a beaucoup de monde l'été.

Valeria : C'est vrai. Bon... Je vois... tu n'es pas très enthousiaste. Tu aimerais aller en Italie ? C'est si beau l'Italie ! Il fait beau et chaud là-bas aussi !

Gaspard : Oui, oui... Mais... Je connais l'Italie. C'est magnifique, c'est sûr, mais ce n'est pas nouveau pour moi.

Valeria : C'est dommage. J'ai trouvé un hôtel génial en Toscane, pour la semaine du 13 au 20 juillet.

Gaspard : Tu sais quoi ? Je pense plus au nord de l'Europe. Tu aimerais aller au Danemark ?

Valeria : Au Danemark ? Euh... c'est pas vraiment fantastique pour des vacances d'été. Il fait froid, il pleut, c'est le nord !

Gaspard : Écoute, on n'est jamais loin de la mer au Danemark. Les étés peuvent être chauds et agréables. Je peux réserver un petit hôtel à Rømø. La nature est similaire aux Landes, en France.

Valeria : Bon, d'accord. Je veux bien essayer.

1. faux Costa del Sol
2. vrai
3. vrai
4. faux Il fait froid et il pleut.
5. faux à Rømø

▶ 85 2b Text und Lösung

1. Valeria veut partir en Espagne cet été.
2. Gaspard est allé quelques fois à Malaga.
3. Valeria est un peu triste de ne pas aller en Italie.
4. Mais Gaspard propose de partir au Danemark.

▶ 86 2c Text und Lösung

1. ● Oui, nous avons une chambre pour deux.
   ▲ Combien coute la chambre ?
   ● C'est 139 € la nuit avec le petit déjeuner.
2. ■ Combien de temps désirez-vous rester ?
   ▲ Nous restons quatre nuits.
3. ● Est-ce que vous avez besoin d'une place de parking ?
   ▲ Non, merci. Nous arrivons en taxi.

13 Je te raconte mes vacances ?

▶ 87 **3a Die Kollegen Elsa, Marion und Christian unterhalten sich über Urlaube. Hören Sie und ergänzen Sie, welche Art von Urlaub sie jeweils machen.**

camping et activités • mer et farniente • montagne et randonnées

1. Elsa : ____________________
2. Marion : ____________________
3. Christian : ____________________

▶ 88 **3b Noch mehr Urlaubserlebnisse. Hören Sie und sprechen Sie die Sätze nach.**

▶ 89 **3c Sie sind dran! Erzählen Sie mithilfe der Angaben im Urlaubstagebuch von Ihrem letzten Urlaub. Dann hören Sie und kontrollieren Sie.**

Reiseziel:
Korsika

Wo Sie gewohnt haben:
Sie haben ein Haus mit Schwimmbad gemietet

Was Sie gemacht haben:
reiten, jeden Tag zum Strand gehen, Spezialitäten der Insel probieren

Ihre Meinung:
angenehmer Aufenthalt

Art von Urlaub, die Sie mögen:
Meer und Aktivitäten

Cet été, je suis allé(e)…

13 Je te raconte mes vacances ?

▶ 87 3a Text

1. *Elsa :* Cet été, je suis partie dans les Vosges. Les gens sont très sympathiques là-bas. J'aime beaucoup aller à la Bresse. Pendant les vacances, on est très actifs. On a fait de la randonnée en montagne et du vélo. On a aussi fait du parapente. Voilà, j'aime les vacances comme ça ! Et toi, Marion ?
2. *Marion :* Moi, je pars dans un mois à Procida, en Italie. Mon concept est simple : je veux un hôtel sympa, du soleil, la plage et un bon livre ! Toute l'année, je suis pressée. Alors, pendant mes vacances, je ne fais rien. J'adore mes vacances ! Et toi, Christian, c'est quoi ton style de vacances ?
3. *Christian :* Alors, moi, tous les étés, je loue un bungalow près de Cassis. J'adore l'ambiance du site. Il y a tout : un supermarché, des piscines, la mer, beaucoup de restaurants... Le matin, je vais à la plage. Ensuite, je regarde le programme du jour et je fais du beach-volley, de la pétanque... Et le soir, je prends l'apéritif avec les voisins. C'est la belle vie, quoi !

Lösung

1. Elsa : montagne et randonnées
2. Marion : mer et farniente
3. Christian : camping et activités

▶ 88 3b Text und Lösung

1. Je suis allé en Autriche.
2. J'ai loué un appartement en Normandie.
3. Nous sommes allés à la montagne.
4. J'ai fait du ski.
5. Nous avons passé un bon séjour.

▶ 89 3c Lösung

Cet été, je suis allé(e) en Corse. J'ai loué une maison avec une piscine. Pendant les vacances, j'ai fait des promenades à cheval. Je suis allé(e) à la plage tous les jours. J'ai aussi gouté les spécialités de l'ile. J'ai passé un bon séjour. Mon style de vacances, c'est mer et activités.

J Au travail

J1 Attendez, je regarde mon agenda

▶ 90 **1a Hören Sie die drei Telefonate und sagen Sie, ob der Anrufer einen Termin bestätigt, verschiebt oder absagt.**

1. ☐ bestätigen
   ☐ verschieben
   ☐ absagen
2. ☐ bestätigen
   ☐ verschieben
   ☐ absagen
3. ☐ bestätigen
   ☐ verschieben
   ☐ absagen

▶ 90 **1b Hören Sie die Telefonate noch einmal und übersetzen Sie die Verben auf Französisch.**

bestätigen: ____________________

verschieben: ____________________

absagen: ____________________

▶ 91 **1c Sie sind dran! Vervollständigen Sie die folgenden Sätze. Dann hören Sie und sprechen Sie nach.**

libre • annuler • de jeudi • reporter • désolé • un problème d'agenda • confirmer

1. Je ____________________ notre rendez-vous ____________________ après-midi, à 13 heures.
2. Je suis ____________________, mais je dois ____________________ notre rendez-vous.
3. Je suis désolée, mais j'ai ____________________. Je voudrais ____________________ notre réunion. Je suis ____________________ demain ou mardi.

J1 Attendez, je regarde mon agenda

▶ 90 **1a/b Text**

1. *Employé :* Mairie de Mérignac, service emplois, bonjour.

   David : Bonjour, David Grasset. Je vous appelle parce que j'ai un problème. J'ai un rendez-vous aujourd'hui, à midi, mais je ne peux pas venir. Je suis malade.

   Employé : Nous pouvons prendre un autre rendez-vous si vous voulez.

   David : Pas pour l'instant. Je vous appelle quand je me sens mieux.

   Employé : Très bien. J'annule le rendez-vous, alors. Au revoir, monsieur Grasset.

2. *Secrétaire :* Cabinet Spiegel, bonjour.

   Joëlle : Bonjour. Mon avocat m'a laissé un message pour me proposer un rendez-vous jeudi prochain, à 14 heures. J'appelle pour confirmer ma présence.

   Secrétaire : Vous êtes madame... ?

   Joëlle : Je suis Joëlle Dumas.

   Secrétaire : Très bien, madame Dumas. C'est noté.

3. *Professeur :* Bonjour, Michel Casini à l'appareil.

   Directrice de musée : Oui, bonjour monsieur Casini. Qu'est-ce que je peux faire pour vous ?

   Professeur : Eh bien... J'ai un petit problème de dernière minute. J'aimerais reporter notre rendez-vous de demain.

   Directrice de musée : Attendez, je regarde mon agenda... euh... Est-ce que ça vous va mercredi, à 16h30 ?

   Professeur : C'est parfait ! Merci et à mercredi.

Lösung

1. absagen	2. bestätigen	3. verschieben
bestätigen: confirmer	verschieben: reporter	absagen: annuler

▶ 91 **1c Text und Lösung**

1. Je confirme notre rendez-vous de jeudi après-midi, à 13 heures.
2. Je suis désolé, mais je dois annuler notre rendez-vous.
3. Je suis désolée, mais j'ai un problème d'agenda. Je voudrais reporter notre réunion. Je suis libre demain ou mardi.

J2 Après le bip

▶ 92 **2a Hören Sie und entscheiden Sie: In welchem der zwei Texte geht es um eine Ausstellung?**

☐ Text 1 ☐ Text 2

▶ 92 **2b Hören Sie beide Texte noch einmal und ergänzen Sie dann die Wendungen, die man in folgenden Situationen verwendet.**

1. fragen, ob Frau / Herr ... zu sprechen ist: ____________________
2. jemanden bitten, dranzubleiben: ____________________
3. sagen, dass jemand abwesend ist: ____________________
4. fragen, ob man eine Nachricht hinterlassen möchte: ____________________ ____________________
5. erklären, warum man anruft: ____________________
6. „Dies ist der Anrufbeantworter von ...“: ____________________

▶ 93 **2c Sie sind dran! Übernehmen Sie mithilfe der Angaben Paulines Rolle im Dialog und bestätigen Sie den Termin.**

Ihr Name: Pauline Balestrino

Grund des Anrufs: Den Termin morgen um 10.45 Uhr zu bestätigen.

Schluss: Bis morgen dann. Auf Wiederhören.

J2 Après le bip

▶ 92 **2a/b Text**

Text 1

Secrétaire : Bureau de madame Andrieux, bonjour.

Marc Pleyel : Bonjour. Marc Pleyel à l'appareil. Est-ce que madame Andrieux est disponible ?

Secrétaire : Ne quittez pas, s'il vous plait. (...) Je regrette, mais elle est absente ce matin. Elle rentre à 13h30. Vous désirez laisser un message ?

Marc Pleyel : Oui. Vous pouvez dire à madame Andrieux de m'appeler. C'est au sujet de l'exposition du 20 avril. Il faut absolument...

Text 2

Bonjour, vous êtes bien sur le répondeur de Quentin Mercier. Je ne suis pas disponible pour le moment. Vous pouvez me laisser un message après le bip ou rappeler après 15 heures. Merci et à bientôt.

Lösung

☒ Text 1

1. fragen, ob Frau / Herr ... zu sprechen ist:	*Est-ce que madame.../monsieur... est disponible ?*
2. jemanden bitten, dranzubleiben:	*Ne quittez pas.*
3. sagen, dass jemand abwesend ist:	*Il/elle est absente.*
4. fragen, ob man eine Nachricht hinterlassen möchte:	*Vous désirez laisser un message ?*
5. erklären, warum man anruft:	*C'est au sujet de...*
6. „Dies ist der Anrufbeantworter von ...":	*Vous êtes bien sur le répondeur de...*

▶ 93 **2c Text und Lösung**

● Bureau de monsieur Meurger, bonjour ?

▲ *Bonjour, Pauline Balestrino à l'appareil.*

● Qu'est-ce que je peux faire pour vous ?

▲ *J'appelle pour confirmer le rendez-vous de demain, à dix heures quarante-cinq.*

● (...) Très bien. C'est noté.

▲ *À demain, donc. Au revoir.*

Quellenverzeichnis

Cover, Rücktitel: © Getty Images/E+/Martin Dimitrov

Fotos Innenteil:

S. 7: oben © Getty Images/E+/AleksandarNakic, unten © Getty Images/E+/mixetto

S. 8: © Getty Images/iStock/gpointstudio

S. 9: oben © iStock/skynesher, unten © Getty Images/iStock/Ivanko_Brnjakovic

S. 11: oben links © Ekaterina Pokrovsky – stock.adobe.com, oben rechts © Getty Images/iStock/encrier, unten © Getty Images/iStock/nullplus

S. 12: © Thinkstock/iStock/g-stockstudio

S. 13: © Thinkstock/iStock/encrier

S. 14: © Getty Images/E+/Nicolas McComber

S. 15: oben © Thinkstock/iStock/StockRocket, Mitte © babimu – stock.adobe.com

S. 16: © Getty Images/iStock/adventtr

S. 18: oben © iStockphoto/Johnny Greig, unten © Getty Images/E+/laflor

S. 19: © Getty Images/iStock/EHStock

S. 22: © Getty Images/iStock/LeoPatrizi

S. 23: © Getty Images/E+/PeopleImages

S. 24: oben © iStock/digitalskillet, Mitte © Thinkstock/iStock/m-imagephotography

S. 25: oben © Getty Images/iStock/southtownboy, Mitte © PlanetEarthPictures-stock.adobe.com

S. 26: © Spargel – stock.adobe.com

S. 27: oben © Getty Images/iStock/encrier, Mitte © Getty Images/iStock/korenmolen

S. 28: Isabel Heß, Geretsried

S. 31: Mitte © Getty Images/iStock/BardoczPeter, unten © Getty Images/iStock/BardoczPeter

S. 32: Sofa © fotolia/NilsZ, rotes Kissen © Getty Images/E+/PhotoStock, Schreibtisch © Thinkstock/PhotoObjects.net/Hemera Technologies, Pflanze © Getty Images/iStock/OGGM, Stuhl © Thinkstock/iStock/aopsan, Schrank © Thinkstock/iStock/photobac

S. 34: © Getty Images/E+/lechatnoir

S. 35: © iStock/Ingenui

S. 37: Reihe oben von links © iStock/Ingenui, © Getty Images/iStock/JackF, © Getty Images/iStock/g-stockstudio, Reihe unten von links © Getty Images/E+/Cecilie_Arcurs, © goodluz – stock.adobe.com, © fotolia/ARochau

S. 39: oben © Thinkstock/iStock/level17, Mitte © iStock/PinkTag

S. 40: oben © Thinkstock/iStock/level17, Mitte © iStock/PinkTag, unten © fotolia/adam121

S. 41: © Getty Images/E+/laflor

S. 43: Reihe oben von links © Getty Images/Digital Vision/Yuri_Arcurs, © Thinkstock/Digital Vision, © Thinkstock/iStock/veronicagomepolak, Mitte © Getty Images/E+/lechatnoir, unten © fotolia/Yuri Arcurs

S. 44: © Getty Images/iStock/Deagreez

S. 46: © Getty Images/iStock/michaeljung

S. 47: von links © Thinkstock/iStock/YakobchukOlena, © Getty Images/E+/AzmanJaka, © Getty Images/Hemera/Yuri Arcurs

S. 49: Uhren © iStock/mevans

S. 50: oben links © iStock/Nicolas McComber, rechts © Thinkstock/iStock/monkeybusinessimages, unten © Getty Images/Hemera/Yuri Arcurs

S. 51: © Getty Images/fstop123

S. 52: oben © iStock/Nicolas McComber, Mitte © Thinkstock/iStock/monkeybusinessimages

S. 53: © Getty Images/E+/Eva-Katalin

S. 54: © Thinkstock/iStock/gpointstudio

S. 55: © Thinkstock/iStock/dolgachov

S. 56: © fotolia/Kzenon

S. 57: © Getty Images/E+/Dean Mitchell

S. 58: © fotolia/Snezana Skundric

S. 59: Reihe oben von links © iStock/AnikaSalsera, © Vienna-Frame – stock.adobe.com, © Thinkstock/iStock/urfinguss, © Getty Images/iStock/claudiodivizia, unten © Thinkstock/iStock/petrdlouhy

S. 61: Reihe links von oben © Getty Images/iStock/Ran Kyu Park, © Getty Images/iStock/123ArtistImages, © PantherMedia/cookelma, Reihe rechts von oben © fotolia/Denis Junker, © Getty Images/iStock/Danijela Racic, © fotolia/donatas1205, Jeans © Simone – stock.adobe.com, Rock © PantherMedia/Tarzhanova, Pullover © fotolia/srki66, Bluse © PantherMedia/evaletova

S. 62: oben © Thinkstock/iStock/oleksagrzegorz, Mitte © Getty Images/E+/Geber86

S. 63: © Getty Images/iStock/kupicoo

S. 64: © Getty Images/E+/andresr

S. 65: © benik.at – stock.adobe.com

S. 67: © Getty Images/iStock/johnkellerman

S. 68: oben © Getty Images/E+/andresr, Reihe unten von links © fotolia/cdecarpentrie, © iStock/adventtr, © Getty Images/iStock/undefined undefined, Reihe rechts von oben © Thinkstock/iStock/akiyoko, © fotolia/picsfive

S. 69: © Gina Sanders – stock.adobe.com

S. 71: oben © fotolia/shock, Mitte © Thinkstock/iStockphoto, rechts © Thinkstock/iStockphoto

S. 73: © neifry – stock.adobe.com

S. 74: © edpics/Alamy Stock Photo

S. 76: © Getty Images/iStock/Antonio_Diaz

S. 77: oben © Alamy Stock Photo/Marco Arduino, Mitte © Thinkstock/iStock/Minerva Studio

S. 78: © fotolia/quayside

S. 81: von 1 bis 6: © fotolia/Tommaso Lizzul, © Getty Images/iStock/wmaster890, © Getty Images/iStock/AnniePunyakorn, © Getty Images/iStock/JackJelly, © Getty Images/iStock/Schnapps2012, © Getty Images/iStock/KateSmirnova

S. 83: oben © Thinkstock/iStock/Minerva Studio, unten © Thinkstock/liquidlibrary/Jupiterimages

S. 85: Foto © Getty Images/iStock/RomanBabakin, Wetterpiktos © fotolia/Bisams

S. 86: oben © Thinkstock/iStock/encrier, unten © Thinkstock/iStock/JackF

S. 87: oben © Thinkstock/iStock/shironosov, unten © Thinkstock/iStock/Aleksandar Jocic

S. 88: © iStock/lleerogers

S. 89: oben © Getty Images/iStock/DanielHarwardt, unten © Thinkstock/iStock/Freeartist

S. 90: © fotolia/haveseen

S. 91: oben © Getty Images/Monkey Business Images, Mitte © Thinkstock/iStock/g-stockstudio

S. 93: oben © Thinkstock/iStockphoto/nyul, unten © Getty Images/laflor

Bildredaktion:
Cornelia Hellenschmidt, Hueber Verlag, München

Inhalt des MP3-Downloads zum Buch:

Sprecher: Ingrid Barzic, Jean-Yves de Groote, Sabine Lippi, Olivier Thomazo

Produktion: Violetmedia, 80805 München, Deutschland